QuickGluten-free

Quick Gluten-free

Rezepte: Joy Skipper

Jedes Gericht in drei Varianten

30 Minuten | 20 Minuten | 10 Minuten

Mehr Informationen zum Thema Zöliakie erhalten Sie bei der Deutschen Zöliakie-Gesellschaft DZG:
www.dzg-online.de

Die DZG e.V. ist Inhaberin der Marke „Durchgestrichene Ähre"

First published in Great Britain in 2014 by Hamlyn, an imprint of Octopus Publishing Group Ltd, Endeavour House, 189 Shaftesbury Avenue, London WC2H 8JY. Titel der englischen Originalausgabe: Hamlyn QuickCook: Gluten-Free Meals.

Rezepte: Joy Skipper
Übersetzung: Annerose Sieck, Neumünster
Lektorat: Sabine Durdel-Hoffmann, Essen
Herstellung: Götz Rohloff – Die Buchmacher, Köln

Printed and bound in China

ISBN: 978-3-86528-778-6

Besuchen Sie uns im Internet: www.umschau-buchverlag.de

Alle Rezepte gehen von den folgenden Mengenumrechnungen für Löffel-Maßangaben aus:
1 Esslöffel (Flüssigkeit oder gestrichen) = 15 ml
1 Teelöffel (Flüssigkeit oder gestrichen) = 5 ml

Bitte heizen Sie Ihren Ofen auf die angegebene Temperatur vor. Bei Heißluft- oder Umluftöfen folgen Sie bitte den Angaben des Herstellers zu Backtemperaturen und -zeiten.

Bitte verwenden Sie für die Rezepte mittelgroße Eier, sofern nicht anders angegeben. Dieses Buch enthält einige Rezepte mit rohen oder nur kurz gekochten Eiern. Gesundheitlich anfällige Personen (Schwangere, stillende Mütter, ältere Menschen, Kranke, Babys und Kleinkinder) sollten Gerichte mit ungekochten oder nur kurz gekochten Eiern meiden.

Dieses Buch enthält Rezepte, in denen Nüsse und Nussprodukte verwendet werden. Allergiker und Menschen, die anfällig für allergische Reaktionen gegen Nüsse sind (Schwangere, stillende Mütter, ältere Menschen, Kranke, Babys und Kleinkinder), sollten Rezepte mit Nüssen und Nussöl meiden. Wir empfehlen außerdem, die Etiketten der verwendeten Produkte auf Angaben zu enthaltenen Nüssen und/oder Nussprodukten zu prüfen. Zubereitungen mit Alkohol sind nicht für Kinder und Jugendliche geeignet.

FP = Fertigprodukte | TK = Tiefkühlprodukte

Inhalt

Einleitung

30, 20, 10 – schnell, schneller, am schnellsten

Mit diesem Kochbuch lässt sich auch mit wenig Zeit lecker kochen: Wählen Sie einfach das Rezept, das am besten in Ihren Zeitplan passt. Anregungen und Motivation für jeden Tag des Jahres finden Sie auf den folgenden Seiten.

So funktioniert's

Jedes der Rezepte kann auf dreierlei Art zubereitet werden: als 30-Minuten-Version, 20-Minuten-Version oder als superschnelle 10-Minuten-Version. Am Anfang eines Kapitels sind alle Rezepte nach Zubereitungszeit aufgeführt. Wählen Sie aus, wofür Sie gerade Zeit haben und schlagen Sie die entsprechende Seite auf.

Rezepte nach Zubereitungszeit

Auf jeder Doppelseite finden Sie ein Hauptrezept mit Foto und darunter zwei Varianten mit jeweils unterschiedlicher Zubereitungszeit.

Kokos-Himbeer-Muffins

Hat es Ihnen geschmeckt? Dann probieren Sie doch auch die anderen Versionen. Wenn Sie das Lamm mit Minzkruste und Kartoffel-Erbsen-Püree (20 Minuten) mögen, aber nur 10 Minuten Zeit für die Zubereitung haben, können Sie das Rezept in der kürzeren Variante ausprobieren.

Sie mochten die Zutaten und den Geschmack der Champignons mit Rührei (10 Minuten)? Dann probieren Sie doch auch die etwas aufwendigere Pilzpizza mit Spiegeleiern (30 Minuten). Oder wählen Sie einfach ganz nach Geschmack eines der 360 köstlichen Rezepte und kochen dann die Version, die zu Ihrem Zeitbudget passt.

Noch mehr Anregungen finden Sie auf den Rezeptideenseiten 12 bis 19, dort sind die Rezepte nach Themen geordnet, zum Beispiel *Für Fleischliebhaber* oder *So schmeckt der Sommer*.

Glutenunverträglichkeit

Gluten ist ein Eiweißbestandteil, der in Getreide wie etwa Dinkel, Einkorn, Emmer, Grünkern, Gerste, Hafer, Kamut® (eine Weizenhybride), Roggen, Triticale (eine Kreuzung aus Weizen und Roggen) sowie Weizen vorkommt. Gluten wird auch als Klebereiweiß bezeichnet, weil es die Fähigkeit besitzt, Teige zu binden und ihnen Elastizität zu verleihen.

Zöliakie

Bei Zöliakie, einer Lebensmittelhypersensitivität und Autoimmunerkrankung, handelt es sich um eine chronische Entzündung des Dünndarms infolge von Glutenunverträglichkeit: Das Immunsystem ruft im Darm eine allergische Reaktion auf Gluten hervor, die Schleimhaut des Dünndarms kann dauerhaft geschädigt werden. Die Folgen sind unter anderem eine verminderte Aufnahme bestimmter Nährstoffe und eine Vielzahl von Symptomen wie beispielsweise Müdigkeit, Gewichtsverlust und Hauterkrankungen. Weltweit verträgt schätzungsweise rund ein Prozent der Bevölkerung kein Gluten. Der Anstieg diagnostizierter Zöliakie hat zu einer höheren Nachfrage nach glutenfreien Rezepten geführt.

Wer herausfinden möchte, ob er an Glutenunverträglichkeit leidet, sollte beim Arzt vor Beginn der glutenfreien Ernährung eine Diagnostik durchführen lassen. Dabei wird das Blut auf bestimmte Antikörper getestet und eine Biopsie des Dünndarms wird durchgeführt. Wird Zöliakie diagnostiziert, muss lebenslang eine glutenfreie Ernährung eingehalten werden, um dauerhafte Schäden an der Schleimhaut des Dünndarms zu vermeiden.

Glutenfreie Ernährung

Bei einer glutenfreien Ernährung muss man nicht nur die genannten Getreidesorten meiden, sondern alle Lebensmittel, denen Gluten hinzugefügt wurde.

Wer damit beginnt, sich glutenfrei zu ernähren, hat zunächst oft den Eindruck, er könne gar nichts mehr essen, das wirklich sicher sei. Eine glutenfreie Ernährung schließt alle „normalen" Brote, Nudeln und viele Fertigprodukte aus, etwa Suppen, Saucen und Bratensaucen, denn Gluten wird als Zusatzstoff bei der Herstellung vieler Lebensmittel eingesetzt, etwa auch in Würzen oder als Bindemittel in Eis oder Ketchup. Lesen Sie die Verpackungshinweise von Lebensmitteln genau! In vielen Lebensmitteln versteckt sich nämlich Gluten, zum Beispiel in Sojasauce (eine Alternative ist Tamari, eine Sojasauce nur aus Sojabohnen), Snacks, Fleischbällchen, Salatdressing, Worcestersauce, Nussprodukten/bearbeiteten Nüssen, Gewürzmischungen, verarbeiteten Fleischprodukten und selbst in Bier, das Gluten aus Gerste enthält.

Seit Jahren wird darüber diskutiert, inwieweit Betroffene Hafer vertragen. Viele vertragen geringe Mengen, aber längst nicht alle Betroffenen, deshalb kann es keine allgemeingültige Empfehlung geben. Auch eine Kreuzkontamination in Mühlanlagen könnte für die Symptome verantwortlich sein. Ebenso kann Hafer, der in unmittelbarer Nähe von Weizen wächst, Beschwerden verursachen. Es gibt zwar ausdrücklich als glutenfrei ausgewiesenen Hafer und Haferprodukte, in unseren Rezepten haben wir aber Alternativen dazu angegeben.

Seit 2005 müssen in Europa Zutaten, die häufig Allergien oder Unverträglichkeiten auslösen, gekennzeichnet werden. Zu den anzugebenden Zutaten gehören glutenhaltiges Getreide – das heißt Dinkel, Einkorn, Emmer, Grünkern, Gerste, Hafer, Kamut® (eine Weizenhybride), Roggen, Triticale (eine Kreuzung aus Weizen und Roggen) und Weizen – oder Hybridstämme davon sowie alle daraus hergestellten Erzeugnisse. Die Kennzeichnungspflicht gilt allerdings nur für abgepackte Waren. Die Deutsche Zöliakie Gesellschaft führt das Glutenfrei-Symbol, die durchgestrichene Ähre, als eingetragenes Warenzeichen in Deutschland und vergibt es an nationale Hersteller und Vertreiber glutenfreier Lebensmittel. Weiterführende Informationen zu Zöliakie und glutenfreier Ernährung finden Sie auf der Homepage der Deutschen Zöliakie Gesellschaft: www.dzg-online.de

Glutenfreie Zutaten

In den vergangenen Jahren hat sich die Zahl der erhältlichen glutenfreien Produkte deutlich erhöht, in vielen Supermärkten findet man mittlerweile eine große Auswahl. Folgende Zutaten sind glutenfreie Alternativen:

- Mais (als Maismehl, in Cornflakes oder Pasta)
- Buchweizen (in Blini und Udon-Nudeln)
- glutenfreier Hafer (in Haferkeksen, als Hafermehl)
- Reis (Naturreis, Basmati- oder Wildreis, in Nudeln, Kräckern usw.)
- Hirse (als Flocken, Korn, Mehl, in Brot)
- Quinoa (als Korn, Flocken oder Mehl)
- Kartoffeln (als Mehl)
- Seetangnudeln
- Sago und Tapioka
- Hülsenfrüchte (als Kichererbsenmehl oder in Nudeln, als Sojamehl oder in Brot)
- Nüsse (als Kokosnuss-, Kastanien- oder Mandelmehl, alle unbehandelten Nüsse)
- Leinsaat

Bei von Natur aus glutenfreiem Getreide- und Pseudogetreide besteht ein Kontaminationsrisiko. Um dieses auszuschließen, können spezielle diätetische Produkte verwendet werden. Wer auf Gluten verzichtet, kann durch den Ausschluss gewisser Lebensmittel in der Folge unter Umständen an einem Mangel an bestimmten Vitaminen und Nährstoffen leiden. Diese Nährstoffe müssen anderweitig zugeführt werden. Zu den besten glutenfreien Eisenquellen etwa zählen Fleisch, Geflügel, Fisch, Bohnen und grünes Blattgemüse.

Wenden Sie sich in jedem Fall an einen Arzt beziehungsweise Ernährungsspezialisten: Er wird Ihnen sagen können, welche Lebensmittel Sie essen sollten, um einen Mangel auszuschließen. Unter Umständen ist auch eine Nahrungsergänzung empfehlenswert.

Glutenfreie Gerichte zubereiten

Glutenfrei kochen zu lernen, ist schon eine Herausforderung. Doch wenn Sie erst einmal wissen, welche Zutaten erlaubt sind und welche besser vermieden werden, lassen sich die meisten Rezepte umwandeln. Einige glauben, glutenfreies Kochen und Backen sei nur mit wenigen ausgewählten Produkten möglich. Doch mittlerweile sind so viele glutenfreie Zutaten fast überall erhältlich, dass die meisten „normalen" Rezepte leicht glutenfrei zubereitet werden können. Fangen Sie am besten mit einfachen Gerichten an. Wenn Sie eine ganze Reihe leichter Rezepte zubereiten können, wagen Sie sich an Komplizierteres heran. Damit es in Ihrer Küche nicht zu Kreuzkontaminationen kommt, sollten Sie Ihre glutenfreien Lebensmittel stets separat aufbewahren. Das gilt insbesondere dann, wenn mehrere Personen in der Küche kochen. Frisches Fleisch, Fisch, Gemüse und Obst enthalten kein Gluten und können für jedes Rezept verwendet werden. Frische Eier, Käse und andere Milchprodukte sind – sofern ohne Zusätze – ebenso sicher (bitte stets die Verpackungshinweise lesen, denn manchmal enthält selbst geriebener Käse Weizen). Für den Anfang eignen sich fertige Mehlmischungen ohne Gluten. Probieren Sie aber auch unterschiedliche glutenfreie Mehle wie etwa Reismehl, Kokosnussmehl, Quinoa-Mehl, Mandelmehl oder Buchweizenmehl aus. Sie unterscheiden sich in Geschmack und Konsistenz – verwenden Sie zum Gericht passende Mehle und experimentieren Sie, um herauszufinden, was Ihnen schmeckt.

Wie bei jeder anderen gilt auch bei der glutenfreien Ernährung: Die richtige Organisation ist das A und O. Planen Sie im Voraus, was Sie in der Woche essen möchten und gehen Sie mit einem Einkaufszettel in der Hand die entsprechenden Lebensmittel einkaufen. Vergessen Sie dabei nicht, die Verpackungshinweise zu lesen! Beginnen Sie beim Zubereiten Ihrer Mahlzeiten quasi bei Null – so können Sie sicherstellen, dass Sie sich wirklich glutenfrei und ausgewogen ernähren.

In diesem Buch finden Sie Vorschläge für alle Mahlzeiten einer glutenfreien Ernährung: sättigende Frühstücksideen, nahrhafte Mittagessen und leckere Familienmahlzeiten, nicht zu vergessen leckere Desserts, köstliches Gebäck und andere feine Süßigkeiten.

Für Fleischliebhaber

Schmackhafte Gerichte, bei denen Sie auf Ihre Kosten kommen

Specktortilla 56

Buttermilch-Pancakes mit Speck und Ahornsirup 58

Corned-Beef-Haschee 90

Erbsensuppe mit Schinken 132

Spargel-Kürbis-Salat mit Parma-schinken 144

Carpaccio auf Bohnensalat 150

Pfeffersteak mit Zwiebelsalat 154

Schweinekotelett mit Apfel-Sellerie-Salat 164

Lamm mit Minzkruste und Kartoffel-Erbsen-Püree 194

Senf-Kartoffel-Püree mit Bratwurst und Zwiebeln 210

Pancetta-Brokkoli-Pizza mit Mozza-rella 212

Kalbsleber mit Salbeilinsen 214

Hähnchen & Ente

Köstliche Geflügelgerichte zu jeder Gelegenheit

Hähnchensalat-Wrap 68

Entenfleisch-Wraps 76

Hähnchen-Gemüse-Satay 80

Penne mit Hähnchen und Estragonpesto 106

Ofengemüse mit Hähnchenbrust 112

Honig-Senf-Hähnchen-Salat 152

Hähnchen-Cashewnuss-Curry 166

Entenbrust mit Pflaumensauce 174

Hähnchenbrust mit Porreesauce 192

Mediterranes Olivenhuhn 198

Thai-Fleischbällchen mit Nudeln 206

Hähnchen mit Selleriepüree 216

Fisch & Meeresfrüchte

Frische aus dem Meer

Räucherlachs mit Schnittlauch-rührei 28

Makrelenpastete mit Brokkoli-Quinoa 92

Anchovis-Brokkoli-Linguine 108

Lachssuppe mit Kartoffeln und Gemüse 124

Räucherschellfisch-Kartoffel-Eintopf 130

Lachs-Brunnenkresse-Salat 146

Fischstäbchen 162

Lachseintopf mit Kartoffelpüree 170

Fischauflauf mit Süßkartoffeln 186

Krebs-Muschel-Tagliatelle 190

Rotbarbe mit Kartoffel-Fenchel-Püree 202

Meeresfrüchte aus dem Wok 208

Vegetarische Gerichte

Diese köstlichen Rezepte schmecken jeden Tag!

Gerichte mit erlesenen Gewürzen

Süße und pikante Rezepte mit einem Hauch von Schärfe

Schellfisch-Eier-Reis 44

Garnelen mit scharfem Dip 74

Geflügelburger mit Paprika-Salsa 84

Süßkartoffel-Paprika-Suppe 128

Thunfisch mit Koriander-Tomaten-Salat 148

Makrelencurry 178

Spaghetti arrabiata mit Chili und Garnelen 184

Lamm-Tajine 200

Mischgemüse mit Cashewnüssen aus dem Wok 218

Bratapfel 236

Gegrillte Ananas 244

Heiße Schokolade mit Chili 248

Fruchtige Lieblinge

Rezepte mit saisonalem Obst

Heidelbeerpfannkuchen 26

Toast mit Beeren und Orangenjoghurt 32

Bananen-Split 50

Mangosmoothie 54

Tacos mit Grapefruit und Wolfsbarsch 98

Rote-Bete-Orangen-Salat mit Brunnenkresse 138

Orangenpfannkuchen 224

Kokos-Himbeer-Muffins 228

Früchtepfannkuchen 250

Amaretti-Dattel-Tiramisu 254

Amaretti-Bananen-Kuchen 262

Rosenwassersahne 274

So schmeckt der Sommer

Bei diesen leichten, erfrischenden Gerichten strahlt selbst die Sonne

Honig-Knuspermüsli 36

Geröstete Paprikahälften 64

Lachs-Blini 66

Grillsardinen mit Zitronen-Bratkartoffeln 88

Grillgemüse-Kebabs mit Kräutersauce 96

Lachs-Ceviche 102

Kalte Avocadosuppe 122

Bohnen-Tomaten-Salat mit Feta 134

Pitta-Pizza mit Paprika 172

Amaretti-Pfirsiche 240

Erdbeer-Baiser-Sahne 256

Himbeer-Cheesecake 278

So kommen Sie gut durch den Winter

Herzhafte Winterrezepte, die Kälte den Garaus machen

Beeren-Kokos-Porridge 34

Käse-Kräuter-Scones 40

Kürbiscreme-Kichererbsen-Suppe mit Rösti 118

Porree-Rucola-Suppe 126

Tagliatelle in Dolcelatte-Walnuss-Sauce 176

Süßkartoffel-Lamm-Auflauf 180

Pilzrisotto 182

Ratatouille-Pizza 204

Karamellisierte Birnen 230

Rhabarberkaltschale 232

Heidelbeer-Dattel-Mousse 238

Brombeer-Apfel-Crumble 252

QuickGluten-free
Frühstück & Brunch

Rezepte nach Zubereitungszeit

30

20

10

10 Müsli mit Trockenfrüchten und Nüssen

Für 4 Personen

50 g getrocknete Cranberrys
50 g getrocknete Aprikosen
50 g getrocknete Datteln
50 g Pekannüsse
50 g Paranüsse
200 g glutenfreie Haferflocken (alternativ 100 g Reisflocken, 75 g Amaranthpops und 25 g Leinsamen)
3–4 EL Samen (Sonnenblumenkerne, Kürbiskerne, Sesam)

- Trockenobst und Nüsse hacken. Alle Zutaten mischen.
- In 4 Müslischalen füllen und dazu Milch, Joghurt und frisches Obst servieren.

---

20 Müsliriegel Den Backofen auf 180 °C vorheizen. In einem Topf bei mittlerer Temperatur 200 g Butter mit 200 g braunem Rohrzucker und 2 TL flüssigem Honig erhitzen. 500 g glutenfreies Müsli, 2 EL gehackte Pekannüsse und 100 g gehackte getrocknete Aprikosen unterrühren. In eine quadratische Form (23 cm x 23 cm) geben und die Mischung glatt verstreichen. Im Backofen auf mittlerer Schiene 15 Minuten backen. In Riegel schneiden und noch in der Form abkühlen lassen.

---

30 Bircher Müsli Je 50 g getrocknete Cranberrys, getrocknete Aprikosen, getrocknete Datteln, Pekannüsse und Paranüsse hacken. Mit 200 g glutenfreien Haferflocken (oder 100 g Reisflocken, 75 g Amaranthpops, 25 g Leinsamen), und 3–4 EL Samen (Sonnenblumenkerne, Kürbiskerne, Sesam) in eine Schüssel geben. 2 unbehandelte Äpfel mit der Schale reiben und untermengen. Dann alles mit Milch, Orangen- oder Apfelsaft bedecken und 20 Minuten ziehen lassen. Mit Naturjoghurt und frischem Obst servieren.

20 Heidelbeerpfannkuchen

Für 4 Personen

125 g glutenfreies Mehl
1 ½ TL glutenfreies Backpulver
1 Ei
150 ml Sojamilch
25 g Butter
100 g Heidelbeeren
1 EL Olivenöl

- In einer großen Schüssel Mehl und Backpulver mischen. Ei und Sojamilch verquirlen und unter das Mehl rühren, bis der Teig eine glatte Konsistenz hat.
- In einem Pfännchen die Butter zerlassen und unter den Teig rühren, dann 75 g von den Heidelbeeren unterziehen.
- In einer Pfanne das Olivenöl bei mittlerer Temperatur erhitzen und esslöffelweise Teig in die Pfanne geben. Jeweils 3–4 Minuten backen, bis die Unterseite der Pfannkuchen goldbraun ist, dann wenden und weitere 2–3 Minuten backen. Mit dem übrigen Teig ebenso verfahren.
- Die restlichen Heidelbeeren auf die Pfannkuchen verteilen und einen Tupfer Crème fraîche dazusetzen. Mit Ahornsirup beträufeln und servieren.

---

10 **Heidelbeersmoothie** 3 Bananen schälen und klein schneiden, 500 g Heidelbeeren mit 750 ml Apfelsaft und 400 g Naturjoghurt im Küchenmixer glatt pürieren. Ist der Smoothie zu dickflüssig, etwas Milch zugeben. In 4 Gläsern anrichten.

---

30 **Heidelbeermuffins** Den Backofen auf 200 °C vorheizen. 250 g glutenfreies Mehl, 1 ½ TL glutenfreies Backpulver und ½ TL Natron in eine Schüssel sieben. 75 g Zucker unterrühren. In einem Pfännchen 60 g Butter zerlassen und mit 2 Eiern und 150 ml Milch verrühren. Dann zu den trockenen Zutaten geben und unterarbeiten. Etwa 125 g Heidelbeeren unterheben. In eine Muffinform mit 12 Mulden Papierförmchen setzen, den Teig hineingeben und die Muffins im Backofen auf mittlerer Schiene in 15 Minuten goldbraun backen. Aus der Form nehmen und auf einem Kuchengitter abkühlen lassen.

10 Räucherlachs mit Schnittlauchrührei

Für 4 Personen
8 Eier
2 EL Frischkäse
125 g Räucherlachs
1 EL Schnittlauchröllchen
Salz und frisch gemahlener Pfeffer

- In einer Schüssel Eier und Frischkäse mit einem Schneebesen verrühren, mit Salz und Pfeffer würzen.
- Eine beschichtete Pfanne bei mittlerer Temperatur erhitzen und die Eiermischung hineingeben. Etwa 1 Minute stocken lassen, dann mit einem Pfannenheber lockern und feuchte Abschnitte wenden.
- Den Räucherlachs in Streifen schneiden. Ist das Rührei gar, Lachs und Schnittlauch unterrühren und sofort servieren – nach Belieben auf 4 Scheiben gebuttertem glutenfreiem Toast.

---

20 **Räucherlachsbagel mit pochiertem Ei und Tomate** Den Backofengrill auf mittlerer Stufe vorheizen. 4 glutenfreie Bagels halbieren und unter dem Grill 2–3 Minuten von jeder Seite rösten. 200 g Räucherlachs in Scheiben schneiden. Bagels mit 200 g Frischkäse bestreichen und mit dem Räucherlachs belegen. In einer Schüssel 1 EL Olivenöl mit ½ TL gemahlenem Kreuzkümmel und ½ TL Currypulver verrühren. 4 Tomaten halbieren und die Schnittflächen mit dem Würzöl bestreichen. Mit der Schnittfläche nach oben auf ein mit Backpapier bedecktes Blech legen. Unter dem Grill 5–6 Minuten rösten. 4 Eier in köchelndem Wasser 4–5 Minuten pochieren. Die Bagels mit je 1 pochiertem Ei belegen, die Tomaten dazureichen.

---

30 **Räucherlachsfrittata** Den Backofengrill auf mittlerer Stufe vorheizen. 500 g Kartoffeln schälen, in dicke Scheiben schneiden und in kochendem Wasser 8–10 Minuten garen, abgießen. In einer großen Schüssel 8 große Eier leicht verquirlen. 200 g Räucherlachs in Streifen schneiden. Kartoffeln, Lachs, 2 EL gehackten Dill und 100 g Erbsen aus der Dose unter die Eier mengen und würzen. In einer ofenfesten Pfanne 2 EL Olivenöl bei mittlerer Temperatur erhitzen. Die Eiermischung hineingeben, 10–15 Minuten stocken lassen. Unter dem Grill in 3–4 Minuten goldbraun backen. In Stücke schneiden und servieren.

30 Kakaokekse mit Orange und Pekannuss

Für 4 Personen

100 g Kokosöl
90 g Zuckerrohrmelasse (aus dem Reformhaus)
20 g brauner Rohrzucker
25 g Agavensirup
50 g Pekannüsse
250 g glutenfreie Haferflocken (alternativ 300 g glutenfreie Flockenmischung)
50 g Kakaonibs
fein abgeriebene Schale von 1 unbehandelten Orange
Pflanzenöl zum Fetten der Form

- Den Backofen auf 180 °C vorheizen. Eine quadratische Form (18 cm x 18 cm) einfetten.
- In einem großen Topf Kokosöl, Zuckerrohrmelasse, Rohrzucker und Agavensirup erhitzen, bis sich der Zucker vollständig aufgelöst hat.
- Die Pekannüsse grob hacken, mit den übrigen Zutaten hinzufügen und gut unterrühren.
- Den Teig in die Form geben und glatt verstreichen.
- Im Ofen auf mittlerer Schiene 18–20 Minuten backen, die Form aus dem Ofen nehmen und den Teig in 12 Quadrate schneiden. In der Form abkühlen lassen.

10 Porridge mit Kakao, Orange und Pekannuss In einem Topf 200 g glutenfreie Haferflocken (alternativ 250 g glutenfreie Flockenmischung) mit 600 ml Milch und 600 ml Wasser aufkochen. Unter gelegentlichem Rühren (damit nichts anbrennt) 8–9 Minuten köcheln lassen. Die fein abgeriebene Schale von 1 unbehandelten Orange einrühren. Auf 4 Schüsseln verteilen und mit je 1 EL Kakaonibs und gehackten Pekannüssen bestreuen. Jeweils mit 1 TL flüssigem Honig beträufeln und servieren.

20 Müsli mit Kakao, Trockenobst und Pekannuss In einer Pfanne je 50 g Pekannüsse und Paranüsse 2–3 Minuten trocken rösten, dann grob hacken und mit 200 g glutenfreien Haferflocken (alternativ 250 g glutenfreie Flockenmischung) mischen. Je 50 g getrocknete Aprikosen, Pflaumen und Datteln hacken. Das Trockenobst und 50 g Kakaonibs unter die Nuss-Flocken-Mischung rühren. Je 2–3 EL Kürbiskerne und Sesam untermengen. Die Mischung in eine große Schüssel füllen und mit Orangensaft bedecken. 10 Minuten ziehen lassen, dann mit Naturjoghurt und frischem Obst servieren.

20 Toast mit Beeren und Orangenjoghurt

Für 4 Personen
100 g Erdbeeren
100 g Heidelbeeren
2 unbehandelte Orangen
400 g griechischer Joghurt
2 Eier
50 g Zucker
2 EL Sesam
1 Prise gemahlener Zimt
25 g Butter
4 Scheiben glutenfreies Brot

- Die Erdbeeren entstielen und vierteln. Heidel- und Erdbeeren in eine Schüssel legen. Die Schalen der Orangen fein abreiben und beiseitelegen. Die Orangen filetieren und dabei den Saft auffangen. Die Orangenfilets zu den Beeren geben.
- Den Joghurt mit der Orangenschale verrühren und kalt stellen.
- Die Eier verquirlen und mit Zucker, Sesam und Zimt verrühren.
- In einer Pfanne bei mittlerer Hitze die Butter zerlassen. Die Brotscheiben durch die Eiermischung ziehen, dann in der Pfanne von jeder Seite in 2–3 Minuten goldbraun braten.
- Den Toast auf Tellern anrichten und etwas von dem Orangensaft daraufträufeln.
- Mit dem Obst und einem Tupfer Orangenjoghurt servieren.

---

10 **Beerenkompott mit Joghurt** In einem kleinen Topf 125 g Himbeeren, 125 g Heidelbeeren und 200 g entstielte und halbierte Erdbeeren mit 2 EL flüssigem Honig 6–7 Minuten erwärmen, ab und zu umrühren. 500 g griechischen Joghurt in 4 kleine Schalen füllen und das warme Kompott daraufgeben. Sofort servieren.

30 **Kompott aus Trockenobst mit Zitronenjoghurt** Die Schale von 1 unbehandelten Zitrone fein abreiben und mit 1 EL Lemoncurd oder Zitronenmarmelade unter 400 g griechischen Joghurt rühren. Kalt stellen. 2 frische Pflaumen entsteinen und hacken. Mit 150 g Trockenfrüchten (Aprikosen, Pflaumen und Cranberrys) in einen Topf geben. ½ TL gemahlenen Zimt und 300 ml Orangensaft zugeben und das Ganze bei schwacher Hitze 15–18 Minuten köcheln. 5 Minuten abkühlen lassen, dann mit Zitronenjoghurt servieren.

10 Beeren-Kokos-Porridge

Für 4-6 Personen

200 g frische Beeren, z. B. Himbeeren, Heidelbeeren und Erdbeeren
200 g glutenfreie Haferflocken (alternativ Hirseflocken)
600 ml Milch
3 EL Kokosraspel zzgl. etwas zum Bestreuen
4 EL Naturjoghurt
4 EL flüssiger Honig

- Die Beeren verlesen und die Erdbeeren entstielen und halbieren.
- In einem Topf die Haferflocken mit Milch und 600 ml Wasser aufkochen. Etwa 8 Minuten köcheln, bis alles eine sämige Konsistenz hat. Ab und zu umrühren, zum Schluss die Kokosraspel einrühren.
- Das Porridge in 4 vorgewärmte Müslischalen füllen und jeweils 1 EL Joghurt spiralförmig einrühren.
- Mit den Beeren belegen und mit Honig beträufeln. Mit zusätzlichem Kokosraspel bestreuen und servieren.

---

20 Beeren-Kokos-Quinoa In einem Topf 100 g Himbeeren mit 175 g Quinoa, 300 ml Milch, 100 ml Wasser und ½ TL gemahlenem Zimt aufkochen und 10–15 Minuten köcheln lassen. Die Flüssigkeit sollte absorbiert und das Quinoa gar sein. Währenddessen 2 Bananen schälen und klein schneiden. Quinoa in Schalen anrichten. Mit den Bananen und 100 g Heidelbeeren belegen und mit reichlich Kokosraspel bestreuen. Mit Honig nach Belieben beträufeln und servieren.

30 Kokospfannkuchen mit Beeren Im Küchenmixer 60 g Kokosraspel 2–3 Minuten zerkleinern, dann in eine Schüssel geben und mit 60 g Quinoa-Mehl und 1 TL glutenfreiem Backpulver mischen. 1 Ei, 150 ml Kokosmilch und 3 EL Zucker einrühren und den Teig 10 Minuten ruhen lassen. 200 g Heidelbeeren unterheben – zuvor einige für die Dekoration beiseitelegen. In einer Pfanne bei mittlerer Temperatur 1 EL Pflanzenöl erhitzen. Esslöffelweise Teig in die Pfanne geben und die Unterseite der Pfannkuchen in 2–3 Minuten goldbraun backen, dann wenden und weitere 1–2 Minuten backen. Warm halten und aus dem übrigen Teig weitere Pfannkuchen backen. Pfannkuchen auf warmen Tellern anrichten, zum Servieren Heidelbeeren und Honig darübergeben.

30 Honig-Knuspermüsli

Für 4 Personen

15 g flüssiger Honig
15 g Ahornsirup
1 EL Sonnenblumenöl
50 g brauner Rohrzucker
30 g Paranüsse
120 g glutenfreie kernige Haferflocken (alternativ eine Mischung aus Hirse- und Reisflocken)
60 g ganze Mandeln
25 g getrocknete Cranberrys
25 g Kokosraspel

- Den Backofen auf 150 °C vorheizen.
- In einer Schüssel Honig, Ahornsirup, Öl, Zucker und 1 EL Wasser verrühren.
- Die Paranüsse hacken, mit den Haferflocken und Mandeln in die Schüssel geben und alles gut vermengen.
- Die Mischung auf einem Backblech gleichmäßig verstreichen. Im Ofen auf mittlerer Schiene 15 Minuten backen, dann Cranberrys und Kokosraspel darübergeben und weitere 10 Minuten backen. Aus dem Ofen nehmen und zum Abkühlen auf ein anderes Backblech geben. Vollständig abkühlen lassen und in einem verschließbaren Behälter aufbewahren.
- Mit Naturjoghurt und frischen Beeren servieren.

---

10 **Honig-Zimt-Porridge** In einem kleinen Topf bei mittlerer Hitze 200 g glutenfreie Haferflocken (alternativ je 100 g Hirse- und Reisflocken), ½ TL gemahlenen Zimt und 750 ml Wasser oder Milch (nach Belieben) 8–9 Minuten köcheln lassen, ab und zu umrühren. Der Porridge sollte eine sämige Konsistenz haben. In 4 Schalen füllen. 1 Banane schälen und klein schneiden, darauflegen oder unterheben. Mit Honig beträufeln und servieren.

20 **Pfannkuchen mit Honig** In einer Schüssel 125 g glutenfreies Mehl, 1 Prise Salz und 1 TL glutenfreies Backpulver mischen. Mit 1 Ei und 150 ml Sojamilch zu einem glatten Teig verrühren. In einer Pfanne bei mittlerer Temperatur 1 EL Olivenöl erhitzen, esslöffelweise Teig in die Pfanne geben und die Unterseite der Pfannkuchen in 3–4 Minuten goldbraun backen. Wenden und von der anderen Seite 2–3 Minuten backen. Aus dem übrigen Teig weitere Pfannkuchen backen. Mit Honig beträufeln und noch warm servieren.

10 Baked Beans auf Polenta

Für 4 Personen
2 große Zwiebeln
2 EL Olivenöl
1 TL mittelscharfes Currypulver
75 g Rosinen
2 Dosen Baked Beans (800 g)
6 EL Mangochutney
50 g Butter
4 Scheiben Polenta vom Vortag
50 g Mandelblätter

- Die Zwiebeln hacken.
- In einem Topf bei mittlerer Temperatur die Hälfte des Öls erhitzen und die Zwiebeln darin in 2–3 Minuten knapp weich dünsten. Currypulver, Rosinen, Baked Beans und Mangochutney einrühren und 4–5 Minuten dünsten, ab und zu umrühren.
- In der Zwischenzeit in einer Pfanne bei mittlerer Temperatur das restliche Öl und die Butter erhitzen. Die Polenta darin von jeder Seite 1–2 Minuten braten.
- Polenta auf Tellern anrichten und die Baked Beans daraufgeben. Mit Mandelblättern bestreuen und servieren.

---

20 **Tomaten mit Käsepolenta** Den Backofengrill auf mittlerer Stufe vorheizen. 4 Scheiben Polenta vom Vortag mit 1 EL Olivenöl bestreichen und 5 Minuten grillen. Wenden, mit 100 g geriebenem Cheddar bestreuen und weitere 3–5 Minuten grillen. 12 große Kirschtomaten halbieren und mit der Schnittfläche nach unten auf Alufolie setzen, auf mittlerer Schiene 3–4 Minuten grillen, dann wenden. 2 Knoblauchzehen zerdrücken, mit 2 EL Olivenöl, 2 TL Senfpulver, 1 TL Curry und 1 TL Kreuzkümmel vermengen und die Schnittflächen der Tomaten damit bestreichen. Weitere 3–4 Minuten grillen. Jede Polentascheibe mit 1 EL Mangochutney bestreichen und mit den würzigen Tomaten servieren.

---

30 **Polenta-Pizza** Den Backofen auf 200 °C vorheizen. In einem Topf 1 l Wasser zum Kochen bringen, 250 g Polenta einrühren. Mit Salz und Pfeffer würzen und 2 EL gehackte Petersilienblätter zugeben. Weitere 8–10 Minuten köcheln, bis die Polenta eine sämige Konsistenz hat. Die Polenta teilen und auf einem leicht geölten Backblech jeweils zu einem 1 cm dicken Kreis verstreichen. Im Ofen 12 Minuten backen. In der Zwischenzeit in einer Pfanne 8 Scheiben ungeräucherten durchwachsenen Speck in 5–6 Minuten knusprig braten, dann klein schneiden. Jede Polenta-Pizza mit 2–3 EL glutenfreier Tomatensauce aus dem Glas bestreichen, dabei 1 cm Rand frei lassen. 8 Tomaten in Scheiben schneiden. Die Pizzen mit den Tomatenscheiben und den Speckstückchen belegen. Mit jeweils 75 g geriebenem Cheddar bestreuen und weitere 10–12 Minuten im Ofen backen, bis der Käse goldbraun ist. In Stücke schneiden und noch sehr heiß servieren.

30 Käse-Kräuter-Scones

Für 4 Personen

350 g glutenfreies Mehl zzgl. etwas für die Arbeitsfläche
2 TL glutenfreies Backpulver
1 TL Senfpulver
1 Prise Cayennepfeffer
60 g Butter
200 g geriebener Cheddar
1 EL Schnittlauchröllchen oder andere gehackte Kräuter
2 große Eier
5–6 EL Buttermilch

- Den Backofen auf 220 °C vorheizen.
- Mehl, Backpulver, Senfpulver und Cayennepfeffer in eine große Schüssel sieben.
- Die Butter unterarbeiten, bis das Ganze an grobe Semmelbrösel erinnert. Etwa 180 g vom Käse und die Schnittlauchröllchen unterarbeiten.
- Die Eier mit der Buttermilch verquirlen und zum Vorteig geben. Einen glatten Teig daraus zubereiten, dabei nicht zu lange rühren.
- Den Teig auf eine leicht bemehlte Arbeitsfläche legen und 2,5 cm dick ausrollen. Mit einem runden Ausstecher (Durchmesser 4–5 cm) 12 Scones ausstechen und auf ein Backblech legen.
- Die Scones mit dem restlichen Käse bestreuen und im Backofen auf mittlerer Schiene in 15 Minuten goldbraun backen.
- Die Scones noch warm mit Butter servieren.

---

10 **Pitta mit Käse und Kräutern** Den Backofengrill auf mittlerer Stufe vorheizen. 4 glutenfreie Pittabrote unter dem Grill 2–3 Minuten von jeder Seite rösten. 400 g geriebenen Cheddar mit 4 EL Schnittlauchröllchen mischen, auf die Brote streuen, mit Salz und frisch gemahlenem Pfeffer würzen und unter dem heißen Grill nochmals 2–3 Minuten backen.

20 **Käse-Kräuter-Muffins** Den Backofen auf 190 °C vorheizen. In einer Schüssel 100 g Polenta, 125 g Mandelmehl, 100 g Tapiokamehl, 3 TL glutenfreies Backpulver, ¼ TL Paprikapulver, 100 g geriebenen Cheddar und 2 EL Schnittlauchröllchen mischen. In einer zweiten Schüssel 125 ml Sonnenblumenöl, 2 Eier und 220 ml Milch verquirlen, würzen, zu den trockenen Zutaten geben und alles zu einem Teig verrühren. In die 12 Mulden einer Muffinform Papierförmchen setzen, den Teig einfüllen und die Muffins jeweils mit 1 TL geriebenem Cheddar bestreuen. Im Backofen auf mittlerer Schiene in 17–18 Minuten goldbraun backen.

20 Eier mit Paprika, Tomaten und Feta

Für 4 Personen

1 große Zwiebel
2 rote Paprika
2 Knoblauchzehen
2 EL Olivenöl
¾ TL getrockneter Oregano
1 Dose gehackte Tomaten (400 g)
4 Eier
20 g Feta

- Den Backofengrill auf höchster Stufe vorheizen.
- Die Zwiebeln würfeln, die Paprika entkernen und hacken. Die Knoblauchzehen zerdrücken.
- In einer Pfanne bei mittlerer Temperatur das Öl erhitzen. Zwiebeln, Paprika, Knoblauch und Oregano zugeben und 5 Minuten darin dünsten.
- Die Tomaten hinzufügen und alles weitere 5 Minuten köcheln lassen. Das Ganze in eine flache Auflaufform füllen und 4 Mulden in die Mischung drücken.
- Die Eier aufschlagen und in die Mulden geben, den Feta zerbröckeln und darüberstreuen. Unter dem Grill 3–4 Minuten backen.
- Dazu getoastete Pittabrote reichen.

---

10 **Tomaten, Käse und Ei auf Toast** Den Backofengrill auf höchster Stufe vorheizen. 4 Eier in köchelndem Wasser 4–5 Minuten pochieren. Währenddessen 4 Scheiben glutenfreies Brot toasten, 4 Tomaten in Scheiben schneiden. Jede Brotscheibe jeweils mit den Scheiben von 1 Tomate belegen. Die Brote mit 150 g geriebenem Cheddar bestreuen, nach Belieben würzen. Unter dem Grill in 2–3 Minuten goldbraun backen. Zum Servieren jeweils 1 pochiertes Ei daraufsetzen.

30 **Rühreier auf mexikanische Art** Den Backofen auf 200 °C vorheizen. 900 g geschälte und gewürfelte Kartoffeln 3–4 Minuten in kochendem Wasser garen, abgießen. In einer Pfanne 2 EL Olivenöl erhitzen und die Kartoffeln in 5 Minuten darin knusprig braten. Mit einem Schaumlöffel herausnehmen. 1 gehackte Zwiebel, 2 gehackte Knoblauchzehen, 1 entkernte und gewürfelte rote Chili mit weiteren 2 EL Olivenöl in der Pfanne 2–3 Minuten dünsten. 2 in Streifen geschnittene rote Paprika und 4 geviertelte Tomaten ebenfalls in die Pfanne geben und 2–3 Minuten mitdünsten. Kartoffeln wieder in die Pfanne füllen, würzen, alles mischen und in eine Auflaufform füllen. In die Mischung 4 Mulden drücken, 4 Eier aufschlagen und hineingeben. Im Backofen auf mittlerer Schiene 15–18 Minuten backen. Die Eier sollten dann fest sein. Zum Servieren mit 1 EL gehackten Petersilienblättern bestreuen.

30 Schellfisch-Eier-Reis

Für 4 Personen

500 g geräucherter Schellfisch
50 g Butter
1 Zwiebel
¾ TL Currypulver
220 g Basmatireis
4 hart gekochte Eier
Saft von ½ Zitrone
2 EL gehackte Petersilienblätter
Salz und frisch gemahlener Pfeffer

- In einem Topf den Schellfisch in 600 ml kaltem Wasser aufkochen und abgedeckt 8–10 Minuten köcheln lassen.
- Abgießen und die Garflüssigkeit auffangen. Den Fisch warm halten und beiseitestellen.
- Im selben Topf die Butter zerlassen. Die Zwiebeln hacken und darin in 1–2 Minuten weich dünsten. Erst Curry, dann den Reis einrühren.
- 450 ml von der Fischflüssigkeit zugießen und alles zugedeckt 15 Minuten köcheln lassen. Der Reis sollte gar und die Flüssigkeit vollständig absorbiert sein.
- Den Fisch in Stücke zupfen und unter den Reis rühren. Die Eier pellen, vierteln und untermengen. Nach Belieben würzen.
- Den Reis mit Zitronensaft beträufeln und mit gehackten Petersilienblättern bestreuen.

---

10 **Schellfischpastete** In einem Topf in köchelndem Wasser 350 g geräucherten Schellfisch 5–6 Minuten pochieren, dann abgießen. Die Haut vom Fisch abziehen und das Fleisch in einen Küchenmixer geben. Mit 2 TL Zitronensaft, 4 EL Naturjoghurt, 1 Prise Cayennepfeffer und 1 Spritzer glutenfreier Worcestersauce zu einem glatten Püree verarbeiten. In kleinen Schälchen anrichten und dazu getoastetes glutenfreies Brot servieren.

20 **Räucherschellfisch überbacken** Den Backofengrill auf höchster Stufe vorheizen. In einem Topf 300 ml Milch zum Köcheln bringen. 4 geräucherte Schellfischfilets (je 150 g) darin 5–6 Minuten pochieren. Abgießen und die Filets auf ein Backblech legen. In köchelndem Wasser 4 Eier 4–5 Minuten pochieren und warm halten. In einem Topf bei mittlerer Hitze 25 g Butter zerlassen und 50 g glutenfreies Mehl einrühren. Unter ständigem Rühren 1 Minute binden lassen, dann langsam 100 ml Bier zugießen. 150 g geriebenen Cheddar, 1 Eigelb, 1 EL glutenfreie Worcestersauce, 1 TL Senf und 1 Prise Cayennepfeffer zugeben. Unter ständigem Rühren weiterköcheln, bis der Käse geschmolzen ist und die Sauce eine glatte Konsistenz hat. Über den Fisch gießen und das Ganze unter dem Grill in 1–2 Minuten leicht bräunen. Jeweils mit 1 pochierten Ei belegen und servieren.

20 Omelett mit Schellfisch und Gruyère

Für 4 Personen
150 g Sahne
150 g geräucherter Schellfisch
4 Eier
2 Eiweiß
10 g Butter
10 g geriebener Gruyère
frisch gemahlener Pfeffer

- Den Backofengrill auf höchster Stufe vorheizen. Sahne und 1 Prise Pfeffer in eine Pfanne geben und den Fisch mit der Hautseite nach oben hineinlegen. Etwa 5–6 Minuten köcheln.
- Den Fisch mit einem Schaumlöffel herausheben, die Haut abziehen und das Fleisch in Stücke zupfen. Das Fischfleisch in der Pfanne mit der Sahne verrühren.
- Die Eier trennen und die Eigelbe in einer Schüssel verquirlen. In einer zweiten Schüssel das gesamte Eiweiß steif schlagen. Eigelb vorsichtig unter das Eiweiß ziehen.
- In 2 ofenfesten Pfannen jeweils 5 g Butter zerlassen. Jeweils die Hälfte der Eiermischung in 1 Pfanne geben. Die Pfannen leicht schwenken, bis die Eiermischung zu stocken beginnt.
- Sobald die Unterseiten der Omeletts gar sind, die Sahne-Fisch-Mischung darauf verteilen und mit dem geriebenen Käse bestreuen. Unter dem Grill jeweils in 2–3 Minuten goldbraun backen.
- Die Omeletts halbieren und auf 4 Tellern mit einem knackigen grünen Salat anrichten. Alternativ das Ganze in einer großen Pfanne zubereiten und zum Servieren vierteln.

---

10 Schellfisch mit pochiertem Ei In einem Topf in 300 ml köchelnder Milch 4 geräucherte Schellfischfilets (je 150 g) 5 Minuten pochieren. In einem weiteren Topf in köchelndem Wasser 4 Eier 4–5 Minuten pochieren. Währenddessen 4 Scheiben glutenfreies Brot toasten und jeweils mit 25 g Butter bestreichen. Mit Schnittlauchröllchen bestreuen, Fisch und Ei darauflegen. Zum Servieren mit frisch gemahlenem Pfeffer bestreuen.

30 Schellfisch und Eirisotto Den Backofen auf 200 °C vorheizen. 1 Porreestange in dünne Scheiben schneiden. In einem Topf bei mittlerer Hitze 50 g Butter zerlassen und den Porree darin 1–2 Minuten dünsten. 300 g Arborioreis in 2 Minuten einrühren. 700 ml Fischbrühe und 250 ml Milch zugießen, alles aufkochen und 5 Minuten köcheln lassen. Das Ganze in eine gebutterte Auflaufform geben und 380 g geräucherte Schellfischstücke darauf verteilen. Mit Alufolie abgedeckt im Ofen auf mittlerer Schiene 15–18 Minuten backen. In der Zwischenzeit 4 Eier in köchelndem Wasser 4–5 Minuten pochieren und warm halten. Risotto aus dem Ofen nehmen und 2 EL Schnittlauchröllchen unterrühren. Auf Tellern anrichten, jeweils 1 pochiertes Ei darauflegen und servieren.

30 Bratlinge mit pochiertem Ei

Für 4 Personen
1 kg Kartoffeln
40 g Butter
500 g Rosenkohl
50 g glutenfreies Mehl
3–4 EL Olivenöl
4 Eier
Salz und frisch gemahlener Pfeffer
Schnittlauchröllchen zum Bestreuen

- Die Kartoffeln schälen, vierteln und in 12–15 Minuten weich kochen, abgießen und mit der Butter pürieren.
- In der Zwischenzeit den Rosenkohl putzen, halbieren und 3–4 Minuten in kochendem Wasser knapp weich garen. Abgießen und unter fließend kaltem Wasser abschrecken.
- Den Rosenkohl zu den Kartoffeln geben und alles miteinander grob zerdrücken. Mit Salz und Pfeffer würzen. Aus dem Teig 8 Bratlinge formen und mit Mehl bestäuben.
- In einer Pfanne bei mittlerer Temperatur das Öl erhitzen und die Bratlinge in 2 Portionen von jeder Seite 2–3 Minuten darin braten.
- In der Zwischenzeit die Eier in köchelndem Wasser in 4–5 Minuten pochieren.
- Die Bratlinge auf 4 Tellern anrichten, jeweils 1 pochiertes Ei darauflegen. Mit Schnittlauchröllchen bestreuen und servieren.

---

10 Bratkartoffeln mit überbackenen Eiern
Den Backofengrill auf höchster Stufe vorheizen. 4 große Kartoffeln schälen, gar kochen und in mundgerechte Würfel schneiden. In einer großen Pfanne 4 EL Olivenöl erhitzen und die Kartoffeln darin 2 Minuten braten. 200 g Räucherschinken würfeln und hinzufügen, nach Belieben würzen. 4 Mulden in die Mischung drücken. Jeweils 1 aufgeschlagenes Ei in 1 Mulde geben und mit 100 g geriebenem Emmentaler bestreuen. Unter dem Grill 2–3 Minuten backen, bis die Eier fest sind und der Käse eine goldbraune Farbe hat.

---

20 Kartoffel-Wirsing-Pfannkuchen Den Backofengrill auf höchster Stufe vorheizen. 900 g Kartoffeln schälen, würfeln und in kochendem Wasser 6–8 Minuten köcheln. ½ Wirsing klein schneiden, zugeben und das Ganze weitere 4 Minuten köcheln lassen. Kartoffeln und Gemüse sollten dann weich sein. Abgießen und mit 50 g Butter grob zerdrücken. Mit Salz und frisch gemahlenem Pfeffer würzen. In einer ofenfesten Pfanne bei mittlerer Temperatur 2 EL Olivenöl erhitzen, die Kartoffelmischung hineingeben und 6–7 Minuten darin erhitzen. 100 g geriebenen Cheddar darüberstreuen und das Ganze unter dem Grill in 2 Minuten goldbraun überbacken.

10 Bananen-Split

Für 4 Personen

50 g Butter
2 EL flüssiger Honig
4 Bananen
2 Äpfel
300 g griechischer Joghurt
fein abgeriebene Schale von 1 unbehandelten Orange
50 g Walnüsse
2 EL Mandelblätter
2–3 EL Ahornsirup

- In einer Pfanne die Butter mit dem Honig erhitzen, bis es zischt.
- Die Bananen schälen, längs durchschneiden und mit der Schnittfläche nach unten in die Pfanne legen, in etwa 3–4 Minuten goldbraun braten.
- In der Zwischenzeit die Äpfel schälen, entkernen und reiben. Mit Joghurt und Orangenschale mischen.
- Die Bananen auf 4 vorgewärmte Teller legen und jeweils einen großen Tupfer von der Joghurt-Frucht-Mischung daraufgeben.
- In einer trockenen Pfanne die Walnüsse und Mandelblätter kurz anrösten. Über die Bananen streuen, mit Ahornsirup und den Bratensäften aus der Pfanne beträufeln und servieren.

---

20 **Bananen-Joghurt-Scones** Den Backofen auf 220 °C vorheizen. 250 g glutenfreies Mehl und 1 TL glutenfreies Backpulver in eine Schüssel sieben. 50 g Butter unterarbeiten, bis das Ganze an grobe Semmelbrösel erinnert. 50 g Zucker untermengen. 1 Ei mit 150 ml Milch verrühren und zur Mehlmischung geben. Die Zutaten zu einem Teig verarbeiten. Mit einem Eisportionierer 10 Kugeln Teig auf ein Backblech setzen. Im Backofen auf mittlerer Schiene in 12–15 Minuten goldbraun backen. Noch warm mit Naturjoghurt und in Scheiben geschnittenen Bananen servieren.

30 **Buchweizenpfannkuchen mit Honigbananen** In eine Schüssel 125 g Buchweizenmehl geben und 3 Eigelbe, 1 TL flüssigen Honig, ¼ TL glutenfreies Backpulver und 1 Prise gemahlenen Zimt unterrühren. Langsam 150 ml Milch unterrühren. In einer weiteren Schüssel 3 Eiweiß steif schlagen, dann unter den Teig heben. In einer Pfanne bei mittlerer Temperatur 1 EL Olivenöl erhitzen, 4 EL Teig in die Pfanne geben und 2–3 Minuten von jeder Seite goldbraun braten. Aus dem restlichen Teig weitere Pfannkuchen backen und warm halten. In der Zwischenzeit in einer zweiten Pfanne 50 g Butter mit 2 EL Honig erhitzen. 3 in Scheiben geschnittene Bananen darin in 3–4 Minuten goldbraun braten. Zum Servieren die Honigbananen auf den Pfannkuchen anrichten.

30 Kartoffelscones mit Frischkäse und Räucherlachs

Für 4 Personen

280 g Kartoffeln
30 g Butter
60 g Reismehl zzgl. etwas für die Arbeitsfläche
1 Prise Salz
1 TL glutenfreies Backpulver
1 Ei
2 EL Olivenöl
200 g Frischkäse
300 g Räucherlachs
Schnittlauchröllchen zum Bestreuen

- Die Kartoffeln schälen und in mundgerechte Würfel schneiden. In leicht gesalzenem, kochendem Wasser in 10–12 Minuten weich garen. Abgießen und mit der Butter zu einem lockeren Püree zerdrücken.
- Mehl, Salz und Backpulver dazusieben, dann das Ei verquirlen und hinzufügen. Alle Zutaten zu einem Teig vermengen.
- Den Teig auf einer bemehlten Arbeitsfläche etwa 5 mm dick ausrollen, in 8 Stücke schneiden und diese mit einer Gabel einstechen.
- In einer Pfanne bei mittlerer Temperatur das Olivenöl erhitzen und die Teigstücke darin von jeder Seite in etwa 4–5 Minuten goldbraun braten.
- Zum Servieren jeden Scone mit Frischkäse bestreichen, mit Lachs belegen und mit Schnittlauch bestreuen.

---

10 **Bagel mit Frischkäse und Räucherlachs** 4 glutenfreie Bagels halbieren und in einer Pfanne 2–3 Minuten von jeder Seite rösten. Mit 200 g Frischkäse bestreichen, mit Schnittlauchröllchen bestreuen und mit 300 g Räucherlachs belegen. Mit dem Saft von 1 Zitrone beträufeln, mit frisch gemahlenem Pfeffer bestreuen und servieren.

20 **Kartoffel-Räucherlachs-Pfanne** Den Backofengrill auf höchster Stufe vorheizen. 650 g Kartoffeln schälen, in mundgerechte Würfel schneiden und in kochendem Wasser in 10–12 Minuten knapp weich garen. In der Zwischenzeit 350 g Lachsfilet von jeder Seite 3–4 Minuten grillen. Das Fleisch in große Stücke zupfen. In einer Pfanne bei mittlerer Temperatur 1 EL Olivenöl erhitzen und 1 gehackte rote Zwiebel und 1 entkernte, gewürfelte rote Paprika darin 3–4 Minuten dünsten. Kartoffeln abgießen, in die Pfanne geben und das Ganze weitere 6–8 Minuten köcheln. Lachsstücke unterheben, würzen und servieren.

1 Mangosmoothie

Für 4 Personen
4 reife Mangos
1 Banane
4 EL Naturjoghurt
1 l Sojamilch
flüssiger Honig zum Süßen (nach Belieben)

- Die Mangos schälen und das Fruchtfleisch in große Stücke schneiden. Die Banane schälen und würfeln. Alle Zutaten bis auf den Honig in einem Küchenmixer glatt pürieren.
- Nach Belieben mit Honig süßen. In 4 hohe Gläser gießen und mit Eiswürfeln servieren.

---

2 **Mango mit Orangendressing und Marmeladenjoghurt** In einer Schüssel 1 EL Marmelade mit Fruchtstücken mit 4 EL griechischem Joghurt verrühren und kalt stellen. Für das Orangendressing 6 EL Zucker und 1 aufgeschnittene Vanilleschote in einen Topf geben und den Zucker bei schwacher Hitze auflösen. Die fein abgeriebene Schale sowie den Saft von 4 Orangen und 3 EL hellen Muscovado-Zucker einrühren und 8–9 Minuten köcheln lassen, bis ein Sirup entsteht. In der Zwischenzeit 4 Mangos schälen und in mundgerechte Stücke schneiden. Eine Grillpfanne auf höchster Stufe erhitzen. Die Mangostücke mit 2–3 EL Puderzucker bestäuben und 2–3 Minuten in der Pfanne rundherum braten. Die Mango mit Marmeladenjoghurt und mit Orangendressing beträufeln und servieren.

---

3 **Mangosalat** 4 Mangos schälen und das Fruchtfleisch grob würfeln. 2 Orangen schälen und filetieren. In einer Schüssel Mangos, Orangenfilets, 150 g Heidelbeeren und 1 EL zerkleinerte Minzeblätter mischen. 2 unbehandelte Limetten fein abreiben und auspressen. Abrieb und Saft mit 1 EL flüssigem Honig und ¼ TL gemahlenem Zimt verrühren. Über den Mangosalat geben und 25 Minuten bei Zimmertemperatur marinieren lassen. Mit Crème fraîche servieren.

30 Specktortilla

Für 4 Personen

450 g Kartoffeln
2 EL Olivenöl
4 Scheiben ungeräucherter durchwachsener Speck
150 g Kirschtomaten
6 große Eier
1 EL gehackte Petersilienblätter
75 g geriebener Cheddar
Salz und frisch gemahlener Pfeffer

- Den Backofengrill auf höchster Stufe vorheizen. Die Kartoffeln schälen, in leicht gesalzenem Wasser kochen und in mundgerechte Würfel schneiden.
- In einer Pfanne bei mittlerer Temperatur 1 EL Olivenöl erhitzen, den Speck darin 3–4 Minuten braten. Mit einem Schaumlöffel herausnehmen. Die Tomaten halbieren. In einer großen Schüssel die Eier mit Salz und etwas Pfeffer verquirlen, Kartoffeln, Speck, Tomaten und Petersilienblätter unterrühren.
- In einer Pfanne bei hoher Temperatur das restliche Öl erhitzen, die Eiermischung hineingeben und 1–2 Minuten stocken lassen, dann die Temperatur reduzieren.
- Das Ganze 12–15 Minuten garen. Zum Schluss am Rand vorsichtig hochheben, die Tortilla sollte an der Unterseite nicht zu dunkel werden. Die Oberfläche sollte noch flüssig sein.
- Die Tortilla mit dem Cheddar bestreuen und unter dem Grill in etwa 3–4 Minuten goldbraun backen. Einen Teller auf die Pfanne legen, vorsichtig zusammengedrückt wenden und die Tortilla auf diese Weise stürzen.

---

10 **Rührei mit Speck** Eine Grillpfanne auf höchster Stufe vorheizen. 4 Scheiben ungeräucherten durchwachsenen Speck darin in 6–8 Minuten knusprig grillen, dann in kleine Stücke brechen, beiseitestellen. In einer Schüssel 6 Eier mit 4 EL Milch und 2 EL Schnittlauchröllchen verrühren, würzen. In einer Pfanne 1 Stück Butter zerlassen, die Eiermischung darin unter Rühren in 5–6 Minuten fest werden lassen. Mit dem Speck bestreuen.

---

20 **Ei im Speck-Pilz-Bett** Den Backofen auf 180 °C vorheizen. 1 Schalotte und 4 Scheiben ungeräucherten durchwachsenen Speck fein würfeln. 80 g Pilze putzen und hacken. In einem Topf bei mittlerer Hitze 50 g Butter zerlassen, Schalotten und Speck darin 1–2 Minuten braten. Die Pilze zugeben und alles weitere 3–4 Minuten braten. 1 TL Schnittlauchröllchen einrühren und mit Salz und frisch gemahlenem Pfeffer würzen. Das Ganze in 4 leicht gebutterte kleine Auflaufförmchen geben und jeweils eine Vertiefung in der Mitte drücken. Jeweils 1 Ei und 1 EL Sahne hineingeben und würzen. Die Förmchen in eine zur Hälfte mit heißem Wasser gefüllte Bratform stellen und im Ofen 10–15 Minuten backen. Das Eiweiß sollte fest, das Eigelb noch flüssig sein.

30 Buttermilch-Pancakes mit Speck und Ahornsirup

Für 4 Personen

1 Ei
15 g Butter
175 ml Buttermilch
50 g Tapioka- oder Reismehl
25 g feines Maismehl
1 TL Natron
1 EL Sonnenblumenöl
8 Scheiben ungeräucherter durchwachsener Speck
Ahornsirup zum Beträufeln

- Den Backofengrill auf höchster Stufe vorheizen.
- Das Ei verquirlen und die Butter zerlassen. Beides in einer Schüssel mit der Buttermilch verrühren. Mehle und Natron dazusieben und die Zutaten vorsichtig vermengen.
- In einer Pfanne bei mittlerer Temperatur das Sonnenblumenöl erhitzen und für 3 Pfannkuchen 3 große Löffel Teig hineingeben. 2–3 Minuten backen, bis sich an der Oberfläche Blasen bilden. Pfannkuchen vorsichtig wenden und weitere 1–2 Minuten backen. Aus der Pfanne nehmen und warm halten. Aus dem restlichen Teig weitere 9 Pfannkuchen backen.
- In der Zwischenzeit den Speck unter dem Grill von jeder Seite in 3–4 Minuten knusprig backen.
- Jeweils 3 Pfannkuchen aufeinandergestapelt anrichten. Mit Speck belegen, mit Ahornsirup beträufeln und servieren.

---

10 **Sandwich mit Ei und Speck** Den Backofengrill auf höchster Stufe vorheizen. In einer Grillpfanne 12 Scheiben glutenfreies Weißbrot 2–3 Minuten von jeder Seite rösten. In der Zwischenzeit 8 Scheiben ungeräucherten durchwachsenen Speck unter dem Grill von jeder Seite in 3–4 Minuten knusprig backen. In einer leicht gefetteten Pfanne 4 Eier braten. 4 Scheiben Brot mit je 2 EL glutenfreiem Tomatenketchup bestreichen und mit Speck belegen. Mit 4 weiteren Brotscheiben belegen. 4 Tomaten in Scheiben schneiden. Auf die Brotscheiben legen, würzen, dann die Eier und wieder Brot darauflegen, sodass 4 Sandwiches entstehen. Mit Cocktailspießen zusammenstecken und halbieren.

---

20 **Speck-Wurst-Pitta** Den Backofengrill auf höchster Stufe vorheizen. Unter dem Grill 4 Würste 8–10 Minuten grillen, regelmäßig wenden. In einer Grillpfanne 4 glutenfreie Pittabrote von jeder Seite 2–3 Minuten rösten. 8 Scheiben ungeräucherten durchwachsenen Speck 3–4 Minuten von jeder Seite knusprig grillen. Jedes Pittabrot mit ½ EL glutenfreiem Tomatenketchup bestreichen, dann mit Speck und längs halbierter Wurst belegen. 4 Eier braten und darauflegen. Mit 50 g geriebenem Cheddar bestreuen und unter dem heißen Grill 2–3 Minuten überbacken.

QuickGluten-free

Snacks & leichte Gerichte

Rezepte nach Zubereitungszeit

30

20

10

30 Geröstete Paprikahälften

Für 4 Personen (oder 8 als Vorspeise)
2 rote Paprika
2 gelbe Paprika
1 kleine rote Zwiebel
2 Stangenbohnen
1 Zucchini
3 Knoblauchzehen
2 EL extra natives Olivenöl
2 TL Kreuzkümmelsamen
Salz und frisch gemahlener Pfeffer
Feta oder Ziegenkäse zum Bestreuen

- Den Backofen auf 200 °C vorheizen.
- Die Paprika halbieren und entkernen, in eine Auflaufform legen.
- Die Zwiebeln achteln, die Bohnen putzen und in kleine Stücke schneiden. Die Zucchini und den Knoblauch in Scheiben schneiden. Die Gemüse mischen und in die Paprikahälften füllen.
- Die gefüllten Paprika mit Olivenöl beträufeln und mit Kreuzkümmelsamen, Salz und Pfeffer bestreuen. Im Backofen 25 Minuten backen.
- Zum Servieren mit zerbröckeltem Feta oder Ziegenkäse bestreuen.

10 Paprika-Hummus

1 Dose Kichererbsen (400 g) abspülen, abtropfen lassen und in eine Küchenmaschine geben. ½ Zitrone auspressen und 2 Knoblauchzehen zerdrücken. Saft, Knoblauch, 1 TL gemahlenen Kreuzkümmel, 2 geröstete rote Paprika aus dem Glas, 2 EL Tahini-Paste (Sesampaste) und 2–3 EL Olivenöl zu den Kichererbsen geben und das Ganze zu einem glatten Püree verarbeiten. Etwas mehr Olivenöl unterrühren, wenn das Püree zu fest ist, und abschmecken. Mit Gemüsestreifen servieren.

20 Peperonata

2 Knoblauchzehen und 2 Zwiebeln schälen und in Scheiben schneiden. In einem Topf bei mittlerer Temperatur 3 EL Olivenöl erhitzen, Zwiebeln und Knoblauch darin 1–2 Minuten dünsten. 4 rote Paprika entkernen und in Streifen schneiden. In die Pfanne geben und 10 Minuten mitdünsten. 350 g gehackte reife Tomaten einrühren und das Ganze 8 Minuten köcheln. Einige Basilikumblätter zerkleinern, einrühren und nach Belieben würzen. Mit frisch gemahlenem Pfeffer bestreuen und servieren.

20 Lachs-Blini

Für 4 Personen

180 g Buchweizenmehl
2 TL glutenfreies Backpulver
2 Eier
300 ml Milch
1 Prise Salz
1 EL Olivenöl
5 EL Crème fraîche
1 EL Sahnemeerrettich
200 g Räucherlachs
frisch gemahlener Pfeffer
Dillspitzen zum Garnieren

- Mehl und Backpulver in eine Rührschüssel sieben. Eier, Milch und Salz hinzugeben und die Zutaten zu einem glatten Teig verrühren.
- In einer Pfanne bei mittlerer Temperatur das Öl erhitzen. Esslöffelweise den Teig in die Pfanne geben und im Durchmesser 3–4 cm große Pfannkuchen backen (wie viele Sie auf einmal backen können, hängt von der Größe der Pfanne ab). So lange backen, bis die Unterseite fest ist und an der Oberfläche Blasen erscheinen. Wenden und weitere 1–2 Minuten von der anderen Seite backen. Mit dem restlichen Teig ebenso verfahren.
- Die Crème fraîche mit dem Meerrettich verrühren und auf jeden Pfannkuchen einen Tupfer geben.
- Den Räucherlachs in Streifen schneiden und darauflegen. Mit Pfeffer bestreuen und mit Dillspitzen garnieren.

---

10 **Lachstoast** In einer Grillpfanne 4 Scheiben glutenfreies Brot 2–3 Minuten von jeder Seite rösten. 2 EL Schnittlauchröllchen mit 200 g Frischkäse verrühren und die Toasts damit bestreichen. 200 g Räucherlachs in Streifen schneiden und darauf verteilen. Mit frisch gemahlenem Pfeffer bestreuen und servieren.

30 **Lachsterrine** Eine Brot- oder Auflaufform (500 g Volumen) mit Frischhaltefolie auslegen. 80 g Räucherlachs in Streifen schneiden und mit einigen Dillspitzen auf dem Boden der Form verteilen. 60 g Räucherlachs, 90 g pochiertes Lachsfilet und 200 g Frischkäse in einem Küchenmixer nicht zu lange vermengen, würzen. 50 g Räucherlachs in feine Streifen schneiden, 2 Frühlingszwiebeln putzen und klein schneiden. Lachs, Frühlingszwiebeln sowie ½ EL gehackten Dill unter die Lachspaste rühren. Die Mischung in die Form geben und glatt verstreichen. Kalt stellen. 4 Scheiben glutenfreies Brot oder Bagelbrötchen toasten und zur Terrine servieren.

10 Hähnchensalat-Wrap

Für 4 Personen
4 glutenfreie Tortillas
4 EL Mayonnaise
4 EL Mangochutney
2 Karotten
2 gegarte Hähnchenbrüste
¼ kleiner Kohlkopf
2 Tomaten
1 Handvoll Korianderblätter
Salz und frisch gemahlener Pfeffer

- Die Tortillas auf eine Arbeitsfläche legen und jeweils mit 1 EL Mayonnaise und Mangochutney bestreichen. Die Karotten putzen und reiben, das Hähnchenfleisch und den Kohlkopf in schmale Streifen schneiden. Die Tomaten in Scheiben schneiden.
- Alle Zutaten auf die Tortillas verteilen. Mit Salz und Pfeffer würzen, aufrollen und servieren.

---

20 Hähnchen-Clubsandwich Den Backofengrill auf höchster Stufe vorheizen. 8 Scheiben ungeräucherten durchwachsenen Speck unter dem Grill in 3–4 Minuten von jeder Seite knusprig backen. 12 Scheiben glutenfreien Toast von jeder Seite 2–3 Minuten rösten. 4 Scheiben Toast mit 2 EL Mayonnaise bestreichen. Den Toast mit 12 zerkleinerten Eisbergsalatblättern, 3 in Scheiben geschnittenen Tomaten und Speck belegen, würzen. 4 weitere Toasts mit 2 EL Mangochutney bestreichen und auf den Speck legen. Darauf jeweils 2 Scheiben gegarte Hähnchenbrust legen. 1 rote Zwiebel in Ringe schneiden und darauflegen. Mit den restlichen Toastscheiben belegen und das Ganze mit Cocktailspießen feststecken.

---

30 Hähnchen-Mango-Quesadilla 4 glutenfreie Tortillas mit 250 g geriebenem Cheddar bestreuen. 300 g gegarte Hähnchenbrust in Scheiben schneiden und auf dem Käse verteilen. 1 rote Zwiebel würfeln, 2 Jalapeño-Chilis in Scheiben schneiden, 1 Mango schälen und das Fruchtfleisch in mundgerechte Würfel schneiden. Die Tortilla mit Zwiebeln, Chili, Mango und 1 Handvoll Korianderblättern bestreuen, würzen. 4 weitere Tortillas jeweils mit 1 EL Schmand bestreichen und mit der Schmandseite nach oben auf die Hähnchentortillas legen. In einer Pfanne bei mittlerer Temperatur ½ EL Olivenöl erhitzen. Doppeltortillas in der Pfanne in 3–4 Minuten knusprig braten. Wenden und weitere 2 Minuten braten.

10 Grillspargel mit pochiertem Ei

Für 4 Personen
700 g grüner Spargel
1 EL Olivenöl
4 Eier
40 g Parmesan
Salz und frisch gemahlener Pfeffer

- Die holzigen Enden des Spargels abschneiden. In einer Grillpfanne bei hoher Temperatur das Olivenöl erhitzen.
- In der Zwischenzeit in einem Topf Wasser zum Kochen bringen.
- Den Spargel in die heiße Grillpfanne legen und unter regelmäßigem Wenden so lange darin braten, bis er gebräunt ist.
- Das kochende Wasser heftig umrühren, sodass in der Mitte ein Strudel entsteht. Jeweils 1 Ei aufschlagen und in die Mitte des Strudels geben, so bleibt das Eiweiß am Eigelb haften und die Form des Eis erhalten. 4–5 Minuten pochieren und mit einem Schaumlöffel herausnehmen.
- Den Spargel auf 4 warmen Tellern anrichten, nach Belieben würzen. Die pochierten Eier darauflegen.
- Den Parmesan in feine Späne hobeln und den Spargel damit bestreuen.

---

20 Spargelomelett

Den Backofengrill auf höchster Stufe erhitzen. 6 grüne Spargelstangen von holzigen Enden befreien und in sehr feine Stücke schneiden. 2 Frühlingszwiebeln sowie 3–4 braune Champignons putzen und in Scheiben schneiden. In einer Pfanne mit 1 EL erhitztem Pflanzenöl alles 5–6 Minuten dünsten. 5 Eier mit 4 EL Milch verrühren und mit in die Pfanne gießen, würzen. Die Pfanne leicht schwenken, damit sich das Ei gut verteilt und kurz stocken lassen. Mit 25 g geriebenem Parmesan bestreuen und unter dem Grill in 1–2 Minuten goldbraun backen. Das Omelett vierteln und mit einem grünen Salat und Kartoffeln servieren.

30 Spargelsalat mit pochiertem Ei

200 g neue Kartoffeln in leicht gesalzenem Wasser in 12–15 Minuten gar köcheln. Von 350 g grünem Spargel die holzigen Enden abschneiden. Spargel und Kartoffeln mit 2 EL Olivenöl mischen. Eine Grillpfanne auf höchster Stufe erhitzen und Spargel und Kartoffeln darin portionsweise in 4–5 Minuten bräunen lassen. In köchelndem Wasser 4 Eier in 4–5 Minuten pochieren, beiseitestellen.
4 grüne Salatblätter zerzupfen. 3 EL extra natives Olivenöl, 1 EL Zitronensaft, ½ TL Senf und 1 TL flüssigen Honig sowie Salz und frisch gemahlenen Pfeffer zu einem Dressing verrühren. Das Dressing mit Kartoffeln, Spargel und Salatblättern vermengen. Auf 4 Tellern anrichten und jeweils 1 pochiertes Ei daraufsetzen. Mit frisch gehobelten Parmesanspänen bestreuen und servieren.

30 Rosmarinkekse

Für 4 Personen

3 Rosmarinzweige
200 g glutenfreie Haferflocken (alternativ Reisflocken)
125 g glutenfreies Mehl zzgl. etwas für die Arbeitsfläche
1 TL glutenfreies Backpulver
1 Prise Salz
75 g Butter
100 ml Milch

- Den Backofen auf 190 °C vorheizen.
- Rosmarin waschen, trocken schütteln und die Nadeln abzupfen. Haferflocken und Rosmarinnadeln in einer Küchenmaschine so lange verarbeiten, bis die Mischung die Konsistenz von Semmelbröseln hat. Mehl, Backpulver und Salz zugeben und alles erneut zerkleinern. Die Butter zugeben und unterarbeiten, dann bei laufendem Motor die Milch zugießen und die Zutaten zu einem glatten Teig verarbeiten.
- Den Teig auf einer leicht bemehlten Arbeitsfläche etwa 4–5 mm dick ausrollen. 20–24 Kreise (Durchmesser ca. 4–5 cm) ausstechen und auf ein Backblech legen.
- Im Ofen 12–15 Minuten backen, bis die Keksränder eine goldbraune Farbe haben.
- Auf einem Kuchengitter abkühlen lassen und mit Käse und Äpfeln servieren. In einem verschließbaren Behälter aufbewahren.

---

10 Rosmarinkräcker In einer Schüssel 2 EL Olivenöl mit 4 EL kochendem Wasser verrühren, dann mit 220 g glutenfreier Haferkleie, 1 Msp. Salz und 1 TL fein gehackten Rosmarinnadeln vermengen. Den Teig auf einer mit Haferkleie bestreuten Arbeitsfläche ausrollen und 20–24 Kreise ausstechen. In einer Pfanne bei mittlerer Temperatur 5 Minuten von einer und 4 Minuten von der anderen Seite garen.

20 Räucherlachspastete auf Kräckern In einer Schüssel 2 EL Olivenöl mit 4 EL kochendem Wasser verrühren, dann mit 220 g Buchweizenkleie, 1 Msp. Salz und 1 TL fein gehacktem Dill vermengen. Den Teig auf einer mit Buchweizenkleie bestreuten Arbeitsfläche ausrollen und 20–24 Kreise ausstechen. In einer Pfanne bei mittlerer Temperatur 5 Minuten von einer und 4 Minuten von der anderen Seite garen. 150 g Räucherlachs, 2 EL gehackten Dill, fein abgeriebene Schale und Saft von 1 unbehandelten Zitrone, 2 EL Sahne und 1 Prise frisch gemahlenen Pfeffer im Küchenmixer glatt pürieren. Die Pastete auf die Kräcker streichen. Mit Schnittlauchröllchen bestreuen und servieren.

10 Garnelen mit scharfem Dip

Für 4 Personen

1 Knoblauchzehe
200 g Frischkäse
100 g Naturjoghurt
2–3 Spritzer Zitronensaft
¼ TL getrocknete Chiliflocken
1 Handvoll Schnittlauchröllchen
2 kleine Salatherzen
400 g küchenfertig gegarte, geschälte Riesengarnelen
Salz und frisch gemahlener Pfeffer

- Für den scharfen Dip die Knoblauchzehe zerdrücken. Mit Frischkäse, Joghurt, Zitronensaft, Chiliflocken und Schnittlauch verrühren. Mit Salz und Pfeffer würzen.
- Die Salatherzen zerteilen. Die Salatblätter auf 4 Tellern anrichten und die Garnelen darauflegen. Den Dip in einer Schüssel dazu servieren.

---

20 Garnelensalat

2 Knoblauchzehen zerdrücken. In einem Topf 2 EL Olivenöl erhitzen, den Knoblauch und 1 EL getrocknete Chiliflocken 2 Minuten darin dünsten. 500 g geschälte rohe Riesengarnelen hinzufügen und 5–6 Minuten braten. Die Garnelen sollten dann eine rosa Farbe haben. 1 Spritzer Weißwein zugeben und weiterköcheln, bis die Flüssigkeit verkocht ist. 100 g Rucolablätter mit 2 EL Olivenöl, 1 EL Balsamico, Salz und frisch gemahlenem Pfeffer mischen. 2 Avocados schälen und in Scheiben schneiden. Die Rucolablätter auf 4 Teller verteilen und die Avocadoscheiben darauflegen, nach Belieben würzen. Die Garnelen darauf verteilen und mit 1 EL geröstetem Sesam bestreuen.

---

30 Garnelencurry

2 entkernte rote Chilis, 1 gehackte kleine rote Zwiebel und 1 EL fein geriebene frische Ingwerwurzel mit 2–3 EL Wasser in einem Küchenmixer glatt pürieren. In einem Topf bei mittlerer Temperatur 1 EL Pflanzenöl erhitzen, 1 EL Senfsamen, ½ TL Bockshornkleesamen und 6 Curryblätter hinzufügen und erhitzen, bis die Senfsamen platzen. Dann das Püree aus dem Mixer einrühren und alles weitere 2–3 Minuten erhitzen. 500 g geschälte rohe Riesengarnelen und 400 ml Kokosmilch zugeben und das Ganze zum Köcheln bringen. 8–10 Minuten köcheln lassen, bis die Garnelen eine rosa Farbe haben. 2 EL gehackte Korianderblätter und 1 Spritzer Limettensaft einrühren. Mit Basmatireis servieren.

10 Entenfleisch-Wraps

Für 4 Personen
6 Frühlingszwiebeln
2 gegarte Entenkeulen
2 kleine Salatherzen
½ Salatgurke
4–6 EL glutenfreie Hoisin-Sauce
2 EL geröstete Erdnüsse
Salz und frisch gemahlener Pfeffer

- Die Frühlingszwiebeln putzen und in sehr lange, dünne Streifen schneiden. 4–5 Minuten in eine Schüssel mit Eiswasser legen.
- Das Fleisch von den Entenkeulen lösen und zerkleinern.
- Die Salatblätter vom Strunk lösen, die Gurke in dünne Streifen schneiden. Die Salatblätter mit dem Entenfleisch, mit Gurke und Frühlingszwiebeln belegen, mit etwas Hoisin-Sauce beträufeln und würzen. Die Erdnüsse hacken und darüberstreuen.

---

20 **Salat aus Entenfleisch, Orangen und Brunnenkresse** Das Fleisch von 2 Entenkeulen lösen und zerkleinern. 6 große Frühlingszwiebeln in dicke Scheiben schneiden. In einem Wok bei hoher Temperatur 1 EL Pflanzenöl erhitzen. Entenfleisch, 1 TL chinesisches Fünfgewürzpulver und Frühlingszwiebeln darin unter Rühren 4–5 Minuten braten. Aus dem Wok nehmen und abkühlen lassen. 3 EL extra natives Olivenöl, 1 TL Sesamöl, 1 EL Reisessig, 1 TL Tamari-Sojasauce und fein abgeriebene Schale und Saft von 1 unbehandelten Orange zu einem Dressing verrühren, abschmecken. 2 Orangen filetieren. Von 2 Chicorées die Blätter abziehen. 125 g Radieschen in Scheiben schneiden. Orangenfilets, Chicorée, Radieschen und 125 g Brunnenkresse mit der gebratenen Ente vermengen. Das Dressing und 1 EL gehackte geröstete Erdnüsse daraufgeben.

---

30 **Entensatay mit Erdnuss-Sauce** Den Backofengrill auf höchster Stufe vorheizen. In einem Topf 50 g braunen Rohrzucker, 100 ml glutenfreie Sojasauce, 100 ml Sherry, 2 Sternanis, 1 Zimtstange und 1 eingeschnittene rote Chili bei mittlerer Hitze aufkochen. Das Ganze einige Minuten abkühlen lassen. Die Marinade über 4 Entenbrüste ohne Haut und Knochen gießen und das Fleisch 15 Minuten marinieren. In einem Topf 100 ml von der Marinade mit 200 g glutenfreier feiner Erdnussbutter bei schwacher Hitze 5 Minuten köcheln. Die Entenbrust in Streifen schneiden und das Fleisch auf in zuvor in Wasser eingelegte Holzspieße stecken. 2 EL von der Erdnuss-Sauce mit 2 EL Olivenöl verrühren und das Fleisch damit bestreichen. Die Spieße 10–12 Minuten grillen, regelmäßig wenden. Mit der restlichen Erdnuss-Sauce servieren.

30 Karotten-Linsen-Muffins

Für 4 Personen
75 g rote Spaltlinsen
275 g glutenfreies Mehl
2 EL gemahlene Leinsamen
1 ½ TL glutenfreies Backpulver
50 g brauner Rohrzucker
1 TL gemahlener Zimt
½ TL gemahlene Nelken
3 EL feines Apfelmus
3 EL flüssiger Honig
3 EL Sonnenblumenöl
1 Ei
1 große Karotte
2–3 EL Sojamilch (nach Belieben)

- Den Backofen auf 180 °C vorheizen.
- In die 12 Mulden einer Muffinform Papierförmchen setzen.
- In einem Topf die roten Linsen in etwa 280 ml Wasser in 8 Minuten weich garen und abtropfen lassen.
- Mehl, Leinsamen und Backpulver in eine Rührschüssel sieben, dann Zucker und Gewürze unterrühren.
- In einem Küchenmixer Linsen und Apfelmus mit Honig, Sonnenblumenöl und Ei miteinander glatt rühren.
- Das Ganze zu den trockenen Zutaten geben und alles vermengen. Die Karotte putzen, reiben und unterrühren. Ist der Teig zu fest, Sojamilch unterarbeiten.
- Den Teig in die Papierförmchen füllen und die Muffins im Backofen in 18–20 Minuten goldbraun backen. Auf einem Kuchengitter abkühlen lassen.

---

10 Karotten-Linsen-Salat 400 g Karotten putzen und in Stifte schneiden. In kochendem Wasser 3–4 Minuten blanchieren, dann unter fließend kaltem Wasser abschrecken und in eine Schüssel geben. 1 Dose abgespülte, abgetropfte grüne Linsen (400 g), 1 entkernte und gewürfelte rote Paprika und 1 in dünne Scheiben geschnittene rote Zwiebel mit 50 g Feldsalat zu den Karotten geben. 3 EL Olivenöl mit 1 EL Weißweinessig, 1 TL Kreuzkümmelsamen, 1 TL flüssigem Honig und ½ TL Dijonsenf verrühren. Abschmecken und das Dressing mit den Salatzutaten mischen.

20 Karotten-Linsen-Suppe In einer kleinen Pfanne 2 TL Kreuzkümmelsamen und 1 Prise getrocknete Chiliflocken 1 Minute trocken rösten. 600 g Karotten putzen und reiben. In einem Topf bei mittlerer Temperatur 1 EL Olivenöl erhitzen, die Hälfte der gerösteten Gewürze, die Karotten, 150 g rote Spaltlinsen, 1 l Gemüsebrühe und 125 ml Milch darin zum Kochen bringen. 12–15 Minuten köcheln lassen, bis die Linsen weich sind. Mit einem Stabmixer die Suppe glatt pürieren und abschmecken. Mit den restlichen gerösteten Gewürzen bestreuen und servieren.

20 Hähnchen-Gemüse-Satay

Für 4 Personen

125 ml Tamari-Sojasauce
3 EL glutenfreie Erdnussbutter
2 Hähnchenbrüste
4 große Pilze
1 rote Paprika
1 gelbe Paprika
1 Zucchini
½ Chinakohl
2 Karotten
25 g Bohnensprossen
1 Handvoll Korianderblätter
2 TL Sesamöl
Saft von 1 Limette
Salz und frisch gemahlener Pfeffer
2 EL gerösteter Sesam zum Bestreuen

- Den Backofengrill auf höchster Stufe vorheizen.
- In einer großen Schüssel Sojasauce, Erdnussbutter und 2 EL Wasser verrühren. Nach Belieben abschmecken.
- Die Hähnchenbrüste in Streifen schneiden, die Pilze halbieren. Die Paprika entkernen und in Stücke schneiden. Die Zucchini längs halbieren und ebenfalls in Stücke schneiden. Hähnchen und Gemüse mit der Soja-Erdnuss-Mischung vermengen und dann abwechselnd auf 8 zuvor in Wasser eingelegte Holzspieße stecken.
- Unter dem Grill die Spieße unter Wenden 12–14 Minuten grillen. Das Fleisch sollte gar sein.
- In der Zwischenzeit den Chinakohl klein schneiden, die Karotten putzen und reiben. Kohl, Karotten, Bohnensprossen und Korianderblätter mit Sesamöl und Limettensaft mischen, abschmecken.
- Die Spieße und den Salat mit gerösteten Sesamsamen bestreuen und servieren.

---

10 Hähnchenspieße mit Sataysauce Den Backofengrill auf höchster Stufe vorheizen. In einer Pfanne 1 EL Pflanzenöl erhitzen, 2 gehackte Knoblauchzehen und 4 gehackte Schalotten darin 30 Sekunden braten. 1 gewürfelte rote Chili, 1 EL Tamari-Sojasauce, 1 TL braunen Zucker, 400 ml Wasser und 300 g glutenfreie Erdnussbutter aus dem Glas einrühren und alles in 7–8 Minuten sämig einköcheln.
2 Hähnchenbrüste würfeln und auf 8 zuvor in Wasser eingelegte Holzspieße stecken. 3–4 Minuten von jeder Seite grillen. Den Saft von 1 Zitrone unter die Sauce rühren und diese mit den Spießen servieren.

30 Hähnchenschenkel mit Erdnuss-Sauce Den Backofen auf 200 °C vorheizen. In einer Schüssel 2 zerdrückte Knoblauchzehen mit 1 EL Tamari-Sojasauce, 1 EL flüssigem Honig, 1 TL gemahlener Kurkuma, 1 TL gemahlenem Kreuzkümmel, 2 TL fein geriebener frischer Ingwerwurzel, dem Saft von ½ Limette und 1 EL Sonnenblumenöl verrühren. 8 Hähnchenschenkel mehrmals mit einem scharfen Messer einstechen, in eine Auflaufform legen und mit der Marinade übergießen. Im Backofen knapp 30 Minuten backen. In der Zwischenzeit in einem Topf 5 EL crunchy Erdnussbutter, 1 TL rote Currypaste, 125 ml Kokosmilch, 2 TL braunen Rohrzucker und den Saft von ½ Limette 4–5 Minuten köcheln, bis das Ganze eingedickt ist. Die Hähnchenschenkel mit Korianderblättern bestreuen und mit der Erdnuss-Sauce servieren.

20 Fusilli mit Tomaten und Artischockenherzen

Für 4 Personen

400 g glutenfreie Fusilli
1 Knoblauchzehe, zerdrückt
2 EL extra natives Olivenöl
1 EL Balsamico
½ TL Dijonsenf
½ TL flüssiger Honig
10 sonnengereifte getrocknete Tomaten
1 Dose Artischockenherzen (400 g)
100 g Parmesanhobel
Salz und frisch gemahlener Pfeffer

- Die Fusilli in kochendem Wasser nach Packungsanleitung al dente garen.
- In einer Schüssel die Knoblauchzehe mit Olivenöl, Balsamico, Senf und Honig zu einem Dressing verrühren. Nach Belieben abschmecken.
- Die Tomaten in Scheiben schneiden, die Artischockenherzen abtropfen lassen und halbieren. Die Nudeln abgießen und mit dem Dressing wieder in den Topf geben. Tomaten und Artischockenherzen unterrühren, abschmecken.
- Die Fusilli in tiefen Tellern anrichten. Mit Parmesan bestreuen.

---

10 **Artischocken-Tomaten-Bruschetta** Den Backofengrill auf höchster Stufe vorheizen. 2 glutenfreie Baguettes in 16 Scheiben schneiden und diese auf ein Backblech legen. Mit 2 EL Olivenöl beträufeln und von jeder Seite 2–3 Minuten unter dem Grill rösten. Jeweils eine Seite mit 1 Knoblauchzehe einreiben. 1 Dose Artischockenherzen (400 g) abtropfen lassen und in Scheiben schneiden, 12 sonnengereifte getrocknete Tomaten hacken. Die Brote mit den Artischocken, den Tomaten und 12 Scheiben Parmaschinken belegen, würzen. Mit jeweils 2 EL gerösteten Pinienkernen und Basilikumblättern bestreuen und servieren.

---

30 **Schinkenpizza mit Tomaten und Artischocken** Den Backofen auf 220 °C vorheizen. 2 große glutenfreie Pizzaböden mit 1 Dose gehackten Tomaten (400 g) bis an den Rand bestreichen. 400 g Artischockenherzen abtropfen lassen, halbieren und auf die Pizzen legen. 14 sonnengereifte getrocknete Tomaten halbieren, 6–8 Basilikumblätter zerkleinern und mit 6 Scheiben Parmaschinken auf die Pizzaböden legen. Zum Schluss 200 g Mozzarella in Scheiben schneiden und die Pizzen damit bedecken. Mit Salz, frisch gemahlenem Pfeffer und Oregano nach Belieben würzen. Die Pizzen im Backofen goldbraun backen.

30 Geflügelburger mit Paprika-Salsa

Für 4 Personen

400 g Geflügel- oder Putenhack
2 cm frische Ingwerwurzel, geschält und fein gerieben
4 Frühlingszwiebeln, fein gehackt
1 rote Chili, entkernt und fein gehackt
1 Eigelb
2 EL gehackte Korianderblätter
4 kleine Salatherzen
Salz und frisch gemahlener Pfeffer
Pflanzenöl zum Braten
Salatblätter zum Anrichten

Für die Salsa

1 rote Paprika, entkernt und gewürfelt
100 g Tomaten, gewürfelt
1 kleine rote Zwiebel, fein gewürfelt
½ EL gehackte Petersilienblätter
½ EL gehackte Korianderblätter
1 EL Rotweinessig
½ EL Olivenöl

- Das Geflügelhack mit Ingwer, Frühlingszwiebeln, Chili, Eigelb und Korianderblättern vermengen, abschmecken.
- Aus der Mischung mit feuchten Händen 4 Burger formen.
- In einer Pfanne 1 EL Pflanzenöl erhitzen und die Burger von jeder Seite 5–6 Minuten braten, bis sie gar sind.
- In der Zwischenzeit für die Salsa Paprika, Tomaten und Zwiebeln mit Petersilienblättern, Korianderblättern, Essig und Olivenöl vermengen. Abschmecken.
- Die Burger auf einem Bett aus Salatblättern und mit Salsa servieren.

---

10 Pitta mit Putenfleisch In einer Grillpfanne 4 glutenfreie Pittabrote 2–3 Minuten von jeder Seite rösten. Die Brote an einer Seite einschneiden, sodass eine Tasche entsteht. Jedes Brot mit je ½ EL Mayonnaise und Mangochutney bestreichen. ¼ Eisbergsalat zerkleinern, 4 Tomaten in Scheiben schneiden. 1 rote Zwiebel in Ringe, 350 g gegartes Putenfleisch in Scheiben schneiden. Die Brote mit Salat, Gemüse und Fleisch füllen, nach Belieben würzen.

20 Asiatischer Putensalat 3 Schalotten in feine Scheiben schneiden, in einer Schüssel mit 1 Msp. Salz mischen und 10 Minuten ruhen lassen. Mit dem Saft von 1 Limette, 2 EL Fischsauce, 1 EL Reisessig und 1 EL Zucker zu einem Dressing verrühren. 2 Knoblauchzehen zerdrücken und 1 rote Chili fein würfeln, unterrühren. 350 g gegartes Putenfleisch in Streifen schneiden und in eine Salatschüssel geben. 400 g Chinakohl fein schneiden, 1 große Karotte putzen und reiben. Kohl, Karotte, 100 g Bohnensprossen und je 1 Handvoll Basilikum- und Minzeblätter unter das Putenfleisch mengen. Das Dressing unterrühren. 5 Minuten ziehen lassen, dann mit gehackten gerösteten Erdnüssen bestreuen und servieren.

10 Champignons mit Rührei

Für 4 Personen
25 g Butter
4 Eier
1 EL Schnittlauchröllchen
4 große braune Champignons
2 EL Pflanzenöl
2 Tomaten
2 Frühlingszwiebeln
1 TL Kräuteressig
4 Scheiben glutenfreies Brot
Salz und frisch gemahlener Pfeffer

- In einer kleinen Pfanne die Butter zerlassen. Die Eier verquirlen und mit dem Schnittlauch in die Pfanne geben, mit Salz und Pfeffer würzen. Unter gelegentlichem Rühren die Eier in 4–5 Minuten stocken lassen, dann die Pfanne vom Herd ziehen.
- In der Zwischenzeit die Champignons putzen und den Stiel herausdrehen, vorsichtig aushöhlen. In einer Pfanne das Pflanzenöl erhitzen und die Champignons rundherum 3–4 Minuten braten.
- Die Tomaten würfeln, die Frühlingszwiebeln in feine Scheiben schneiden. Tomaten, Frühlingszwiebeln und Kräuteressig mischen und würzen.
- Die Brotscheiben toasten und auf 4 Tellern anrichten. Die Pilze darauflegen und mit dem Bratensaft aus der Pfanne beträufeln.
- Das Rührei in die Pilze füllen, mit der Frühlingszwiebel-Tomaten-Mischung belegen und sofort servieren.

---

20 **Pilzsuppe mit pochiertem Ei** 25 g getrocknete Steinpilze mit kochendem Wasser übergießen und 3–4 Minuten einweichen. In einem großen Topf bei mittlerer Temperatur 2 EL Öl erhitzen. 2 zerdrückte Knoblauchzehen, 1 gewürfelte rote Zwiebel, 400 g Wildpilze aus dem Glas sowie 1 EL Thymianblätter im Öl 6–8 Minuten dünsten. Steinpilze mit Einweichflüssigkeit und 900 ml Gemüsebrühe zugeben, 6–8 Minuten köcheln lassen. Alles zu einer sämigen Suppe pürieren, würzen. 4 Eier in köchelndem Wasser 4–5 Minuten pochieren. Die Suppe in Schalen füllen und mit den Eiern und gehackten Petersilienblättern anrichten.

---

30 **Pilzpizza mit Spiegeleiern** Den Backofen auf 220 °C erhitzen. 1 rote Zwiebel und 2 Knoblauchzehen in Scheiben schneiden. 200 g Champignons putzen und ebenfalls in Scheiben schneiden. In einem Topf bei mittlerer Temperatur 2 EL Olivenöl erhitzen. Zwiebeln, Knoblauch und Pilze darin 5 Minuten dünsten, würzen. 2 große glutenfreie Pizzaböden auf Backbleche legen und mit 200 g glutenfreier Tomatensauce aus dem Glas bestreichen. Mit 100 g Babyspinatblättern belegen, dann die Pilzmischung auf beide Böden verteilen. Jeweils 2 Eier auf 1 Pizzaboden aufschlagen und die Böden mit 200 g geriebenem Mozzarella bestreuen. Im Backofen in 22–25 Minuten goldbraun backen. Dazu einen Salat servieren.

20 Grillsardinen mit Zitronen-Bratkartoffeln

Für 4 Personen
600 g neue Kartoffeln
1 EL Olivenöl
12 Sardinen
fein abgeriebene Schale und Saft von 1 unbehandelten Zitrone
2 EL gehackte Petersilienblätter
Salz und frisch gemahlener Pfeffer

- Den Backofengrill auf höchster Stufe vorheizen.
- Die Kartoffeln in leicht gesalzenem Wasser in 12–15 Minuten weich kochen.
- In einer Pfanne das Olivenöl bei mittlerer Temperatur erhitzen und die Kartoffeln darin unter Wenden in 6–8 Minuten goldbraun braten. Mit Salz und Pfeffer würzen.
- In der Zwischenzeit die Sardinen säubern und ausnehmen. In eine Grillschale legen und mit Zitronensaft beträufeln, würzen. Von jeder Seite 2–3 Minuten grillen.
- Zitronenschale und Petersilienblätter unter die Kartoffeln heben und die Kartoffeln mit den Sardinen servieren.

---

10 **Grillsardinen auf Toast** Den Backofengrill auf höchster Stufe vorheizen. 8 Sardinen säubern, ausnehmen, würzen und von jeder Seite 2–3 Minuten grillen. In der Zwischenzeit 4 Scheiben glutenfreies Brot toasten. 3 Frühlingszwiebeln klein schneiden. Mit 1 EL gehackten Petersilienblättern und der fein abgeriebenen Schale von 1 unbehandelten Zitrone mischen, würzen. Jeweils 2 Sardinen auf 1 Toastscheibe legen. Die Frühlingszwiebelmischung darauf verteilen und mit etwas Olivenöl und Zitronensaft beträufeln.

30 **Sardinen-Bruschetta** Den Backofengrill auf höchster Stufe vorheizen. 4 Knoblauchzehen in Scheiben schneiden, 2 Lorbeerblätter zerkleinern und 1 rote Chili in Scheiben schneiden. Knoblauch, Lorbeerblätter, Chili, Saft und fein abgeriebene Schale von 1 unbehandelten Zitrone und 400 ml Weißweinessig zu einer Marinade mischen, nach Belieben abschmecken. 12 Sardinen in eine flache Form legen und mit der Marinade bedecken. 20 Minuten marinieren lassen. In der Zwischenzeit 2 glutenfreie Baguettes in 12 dicke Scheiben schneiden, auf ein Backblech legen und mit 2 EL Olivenöl beträufeln. Von jeder Seite 2–3 Minuten grillen, dann eine Seite jeweils mit 1 Knoblauchzehe einreiben. Eine Grillpfanne auf höchster Stufe erhitzen und die Sardinen von jeder Seite 1 Minute braten. Die Sardinen auf die Baguettescheiben legen und mit gehackten Petersilienblättern bestreuen.

20 Corned-Beef-Haschee

Für 4 Personen

600 g Kartoffeln
1 Zwiebel
1 EL Olivenöl
1 Dose Corned Beef (340 g)
2 Tomaten
1 Spritzer glutenfreie Worcestersauce
2 EL Butter
4 Eier
Salz und frisch gemahlener Pfeffer

- Die Kartoffeln schälen und in leicht gesalzenem Wasser in 12–14 Minuten weich garen.
- In der Zwischenzeit die Zwiebel hacken. In einer großen Pfanne bei mittlerer Temperatur das Öl erhitzen und die Zwiebeln darin 4–5 Minuten dünsten.
- Das Corned Beef grob hacken, zugeben und 2–3 Minuten mitbraten.
- Die Kartoffeln abgießen, würfeln und ebenfalls in die Pfanne geben. Kartoffeln 1–2 Minuten mitbraten, dabei etwas zerdrücken. Die Tomaten hacken. Mit der Worcestersauce einrühren und das Ganze weitere 3–4 Minuten dünsten. Mit Salz und Pfeffer abschmecken.
- In der Zwischenzeit in einer zweiten Pfanne die Butter erhitzen und die Eier darin braten. Das Corned-Beef-Haschee mit den Spiegeleiern anrichten.

---

10 **Corned-Beef-Ei-Baguette** 4 glutenfreie Baguettes längs aufschneiden und in einer Grillpfanne von jeder Seite 2–3 Minuten rösten. Die untere Hälfte jeweils mit 1 EL Chutney bestreichen. 1 Handvoll Eisbergsalatblätter zerkleinern. 1 hart gekochtes Ei in Scheiben schneiden. Die Baguettehälften mit Salat und Eischeiben belegen, würzen. 400 g Corned Beef in Scheiben schneiden und auflegen. Die oberen Baguettehälften darauflegen und andrücken.

30 **Rinderhackauflauf mit Corned Beef** Den Backofen auf 200 °C vorheizen. 600 g Kartoffeln schälen, würfeln und in leicht gesalzenem Wasser in 12–15 Minuten gar kochen. In der Zwischenzeit 1 Zwiebel und 1 Selleriestange würfeln. 1 Karotte putzen und würfeln. In einem Topf bei mittlerer Temperatur 1 EL Olivenöl erhitzen. Zwiebeln, Sellerie und Karotte darin 3–4 Minuten dünsten. 350 g Rinderhack zugeben und in 3–4 Minuten braun braten. 1 Dose Corned Beef (340 g) grob würfeln und mit 100 ml Rotwein zugeben. Das Ganze 12–15 Minuten köcheln lassen. In eine Auflaufform füllen. 100 g Feta zerbröckeln. Die Kartoffeln abgießen und mit 25 g Butter, Feta und 1 EL gehackten Petersilienblättern zerdrücken. Die Mischung gleichmäßig auf dem Fleisch verteilen und den Auflauf im Ofen 12–15 Minuten backen. Mit gedünstetem Wirsing servieren.

10 Makrelenpastete mit Brokkoli-Quinoa

Für 4 Personen
200 g Quinoa
250 g Brokkoli
2 geräucherte Makrelen-filets (je 230 g)
2 Frühlingszwiebeln
1 TL geriebener Meerrettich
80 g Schmand
180 g Babyspinatblätter
Salz und frisch gemahlener Pfeffer

- In einem Topf Quinoa mit kochendem Wasser übergießen und 8–9 Minuten quellen lassen.
- In der Zwischenzeit Wasser erhitzen. Den Brokkoli in Röschen zerteilen und 4–5 Minuten dämpfen, abgießen.
- Von den Makrelenfilets die Haut abziehen. Das Fleisch mit einer Gabel auseinanderzupfen und in eine Schüssel legen. Die Frühlingszwiebeln fein hacken. Frühlingszwiebeln, Meerrettich und Schmand unter das Makrelenfleisch rühren, würzen. Quinoa abgießen, unter fließend kaltem Wasser abschrecken und abtropfen lassen. Mit dem Brokkoli vermengen. Nach Belieben würzen.
- Die Spinatblätter auf 4 Tellern anrichten. Brokkoli-Quinoa darauf verteilen und mit der Makrelenpastete servieren.

---

20 **Makrelen mit roten Zwiebeln** In einem Topf bei mittlerer Temperatur 1 EL Olivenöl erhitzen. 4 große rote Zwiebeln in Scheiben schneiden und darin unter Rühren 2–3 Minuten dünsten. Zugedeckt weitere 3–4 Minuten dünsten. 2 TL Balsamico einrühren und zugedeckt weitere 7–8 Minuten dünsten, bis die Zwiebeln weich sind und zu karamellisieren beginnen. In der Zwischenzeit 75 g Quinoa nach Packungsanleitung in kochendem Wasser garen. Abgießen, kalt abschrecken und abtropfen lassen. In einer Pfanne bei mittlerer Temperatur 1 EL Olivenöl erhitzen, 4 Makrelenfilets darin mit der Hautseite nach unten 3–4 Minuten braten, wenden und weitere 3–4 Minuten braten. 250 g gegarte, in Scheiben geschnittene Rote Bete mit Quinoa, 90 g Rucola und 1 EL glutenfreiem Salatdressing nach Wahl mischen, abschmecken. Die Makrelenfilets mit dem Saft von ½ Zitrone beträufeln und auf einem Bett aus Zwiebeln und mit dem Salat servieren.

---

30 **Quinoa-Salat mit Grillmakrele** In einer Pfanne bei mittlerer Temperatur in 1 EL Olivenöl je 1 TL gemahlenen Kreuzkümmel, Kurkuma und Koriander 1–2 Minuten braten. 4 ganze Makrelen auf jeder Seite 3-mal mit einem Messer einritzen. Den Fisch mit dem Würzöl bestreichen, beiseitelegen. 100 g Quinoa nach Packungsanleitung kochen und abtropfen lassen. 2 Frühlingszwiebeln fein schneiden, ½ rote Paprika und 2 Tomaten würfeln. Quinoa, Frühlingszwiebeln, Paprika, Tomaten, 2 EL gehackte Korianderblätter, 1 TL Zitronensaft, 1 Prise frisch gemahlenen Pfeffer und 1 EL Olivenöl vermengen. Die Makrelen von jeder Seite 7–8 Minuten grillen, würzen und zum Salat servieren.

20 Maispfannküchlein

Für 4 Personen

1 Ei
200 g glutenfreies Mehl
1 TL glutenfreies Backpulver
150 ml Milch
1 Dose Mais (200 g)
1 EL Olivenöl
4 Eier
Salz und frisch gemahlener Pfeffer
Schnittlauchröllchen zum Bestreuen

- Das Ei verquirlen. In einer großen Schüssel mit Mehl, Backpulver und Milch zu einem glatten Teig verrühren.
- Den Mais abtropfen lassen, unterrühren und den Teig mit Salz und Pfeffer würzen.
- In einer Pfanne bei mittlerer Temperatur das Olivenöl erhitzen und den Teig esslöffelweise hineingeben. Die kleinen Pfannkuchen 2–3 Minuten von jeder Seite braten.
- In der Zwischenzeit die Eier in köchelndem Wasser 4–5 Minuten pochieren.
- Die Maispfannkuchen mit je 1 pochierten Ei belegen. Mit Schnittlauchröllchen bestreuen und servieren.

10 Mais-Kartoffel-Suppe

1 Zwiebel würfeln. 300 g Kartoffeln schälen und würfeln. In einem Topf bei mittlerer Temperatur 2 EL Olivenöl erhitzen. Zwiebeln und Kartoffeln darin 1–2 Minuten dünsten. 1 l Gemüsebrühe zugießen, alles aufkochen und 5 Minuten köcheln lassen, bis die Kartoffeln weich sind. 1 Dose Mais (400 g) abtropfen lassen und einrühren, alles weitere 2 Minuten köcheln. 100 g Sahne zugeben und die Suppe mit einem Stabmixer pürieren (nicht ganz glatt, etwas stückig belassen). Mit Salz und frisch gemahlenem Pfeffer würzen. Mit Schnittlauch bestreuen und servieren.

30 Mais-Kartoffel-Frittata

Den Backofengrill auf höchster Stufe vorheizen. 700 g Kartoffeln schälen und in Scheiben schneiden. In leicht gesalzenem Wasser in ca. 2–3 Minuten gar köcheln, abgießen. 1 Zwiebel in Scheiben schneiden, 1 rote Paprika entkernen und würfeln. In einer ofenfesten Pfanne bei mittlerer Temperatur 2 EL Olivenöl erhitzen. Darin Zwiebeln und Paprika 2–3 Minuten dünsten. In einer großen Schüssel 8 Eier verquirlen. 400 g Mais abtropfen lassen. Kartoffeln, Zwiebeln, Paprika, Mais und 2 EL gehackte Petersilienblätter unter die Eier mischen. Mit Salz und frisch gemahlenem Pfeffer würzen. In der Pfanne bei mittlerer Temperatur 1 EL Öl erhitzen und die Eiermischung hineingeben. Pfanne leicht schwenken, damit sich alles gut verteilt. Bei schwacher Hitze 12–15 Minuten stocken lassen, bis die Unterseite goldbraun ist. 50 g geriebenen Cheddar daraufstreuen und die Frittata unter dem Grill 5–6 Minuten backen. Herausnehmen, in Stücke schneiden und sofort servieren.

20 Grillgemüse-Kebabs mit Kräutersauce

Für 4 Personen

3 rote Zwiebeln, in Spalten geschnitten
2 Zucchini, in dicke Scheiben geschnitten
2 rote Paprika, entkernt und in mundgerechte Stücke geschnitten
1 gelbe Paprika, entkernt und in mundgerechte Stücke geschnitten
4 EL Olivenöl
1 EL Balsamico
2 EL gehackte frische Kräuter nach Belieben
Salz und frisch gemahlener Pfeffer

- Den Backofengrill auf höchster Stufe vorheizen.
- Die Zwiebeln, Zucchini und Paprika abwechselnd auf 8 zuvor in kaltes Wasser eingelegte Holz- oder Bambusspieße stecken.
- Das Gemüse mit 1 EL vom Olivenöl bestreichen und mit Salz und Pfeffer würzen.
- Die Kebabs unter regelmäßigem Wenden 12–15 Minuten grillen.
- In der Zwischenzeit die Kräutersauce zubereiten. In einer Schüssel restliches Öl, Balsamico und Kräuter verrühren, abschmecken.
- Die Gemüsekebabs mit der Kräutersauce zum Dippen servieren.

---

10 **Gemüsesuppe mit Kräutern** 1 große Zwiebel hacken, 2 Knoblauchzehen klein schneiden, 3 Selleriestangen klein schneiden. 300 g Butternut-Kürbisfleisch fein würfeln. In einem Topf bei mittlerer Temperatur 1 EL Olivenöl erhitzen. Zwiebeln, Knoblauch, Sellerie und Kürbis darin 2–3 Minuten dünsten. 1 Dose gehackte Tomaten (400 g) und 600 ml Gemüsebrühe zugießen und alles aufkochen. 7–8 Minuten köcheln, dann 2 EL gehackte Petersilie einrühren. Die Suppe mit Salz und frisch gemahlenem Pfeffer abschmecken und servieren.

30 **Ofengemüse mit Quinoa-Salat und Halloumi** Den Backofen auf 200 °C vorheizen. 200 g Butternut-Kürbisfleisch in mundgerechte Stücke, 2 rote Zwiebeln in Spalten, 6 geputzte kleine Porreestangen in mundgerechte Stücke schneiden. 2 große Karotten putzen und würfeln. Die Gemüse mit 4 Knoblauchzehen in einer Auflaufform mischen. Mit Salz, frisch gemahlenem Pfeffer und 1 EL gemahlenem Koriander bestreuen, dann mit 2 EL Olivenöl beträufeln. Im Ofen 25 Minuten backen. 250 g Quinoa in kochendem Wasser nach Packungsanleitung garen. Abgießen und abtropfen lassen. Quinoa in eine Salatschüssel geben. ½ Salatgurke und 4 Tomaten würfeln. 6 Frühlingszwiebeln klein schneiden. Gurke, Tomaten, Zwiebeln, fein abgeriebene Schale von 1 unbehandelten Zitrone, je 2 EL fein gehackte Petersilien- und Minzeblätter unter das Quinoa mischen. 2 EL extra natives Olivenöl unterrühren. In einer Pfanne 250 g Halloumi 3–4 Minuten von jeder Seite braten. Quinoa-Salat mit Gemüse und Halloumi-Scheiben anrichten.

10 Tacos mit Grapefruit und Wolfsbarsch

Für 4 Personen

500 g Wolfsbarschfilet

1 Grapefruit

1 rote Chili, entkernt und in feine Scheiben geschnitten

4 Frühlingszwiebeln, in Scheiben geschnitten

1 EL gehackte Korianderblätter

8 Taco-Schalen (FP)

2 kleine Salatherzen

Salz und frisch gemahlener Pfeffer

- Das Fischfilet in sehr dünne Scheiben schneiden. Die Grapefruit halbieren. Eine Hälfte auspressen, die andere schälen, filetieren und die Filets fein würfeln. Die Fischscheiben mit dem Grapefruitsaft und den Grapefruitstücken in eine Schüssel legen.
- Chili, Frühlingszwiebeln und Korianderblätter unter die Fischmischung heben. Mit Salz und Pfeffer würzen.
- Die Taco-Schalen nach Packungsanleitung erhitzen. Die Salatherzen zerteilen. Die Schalen mit Salatblättern belegen, dann mit der Wolfsbarschmischung füllen und servieren.

---

20 **Wolfsbarsch mit Brokkoli** 2 rosafarbene Grapefruits schälen, filetieren und das Fruchtfleisch klein schneiden, beiseitestellen. 400 g Brokkoliröschen 2 Minuten blanchieren und abgießen. In einer Pfanne bei mittlerer Temperatur 2 EL Olivenöl erhitzen, Brokkoli darin 2–3 Minuten dünsten. Pfanne vom Herd nehmen und das Grapefruitfruchtfleisch einrühren und 2 EL Grapefruitsaft dazugeben, würzen. Die Haut von 4 Wolfsbarschfilets (je 150 g) einschneiden. In einer Pfanne bei mittlerer Temperatur 2 EL Olivenöl erhitzen und die Filets von jeder Seite 3–4 Minuten braten, würzen. Auf 4 warme Teller legen. Das Wolfsbarschfilet auf einem Bett aus Brokkoli servieren.

---

30 **Wolfsbarsch mit Grapefruitsalat** 2 Knoblauchzehen hacken. In einem Küchenmixer Knoblauch, 1 EL Paprikapulver, 1 EL extra natives Olivenöl, 1 TL Chilipulver, 1 TL getrockneten Oregano, ½ TL gemahlenen Piment und 3 EL Grapefruitsaft vermengen. 4 Wolfsbarschfilets (je 150 g) damit bestreichen und 15 Minuten marinieren. In der Zwischenzeit 5 EL Grapefruitsaft, 3 EL extra natives Olivenöl, 1 EL gehackte Minzeblätter und 1 EL gehackte frische Ingwerwurzel zu einem Dressing verrühren. 1 kleinen Kopfsalat zerzupfen, 2 rosafarbene Grapefruits schälen und filetieren. 1 Mango schälen und das Fruchtfleisch in mundgerechte Würfel schneiden. 1 Avocado schälen, entsteinen und in Scheiben schneiden. Salat und Früchte vermengen. Das Dressing mit dem Salat mischen, würzen. Den Fisch unter dem Grill 3–4 Minuten von jeder Seite garen und mit 2 EL Limettensaft beträufeln. Auf 4 Tellern mit dem Salat anrichten.

20 Pfannkuchen mit Karotten und Limabohnen

Für 4 Personen

500 g Karotten, geputzt und fein gewürfelt
1 Dose Limabohnen (400 g), abgespült und abgetropft
120 g Reismehl
1 TL glutenfreies Backpulver
1 Ei
180 ml Sojamilch
2 TL Olivenöl
50 g geröstete Walnüsse
2 EL gehackte Petersilienblätter
75 g geriebener Cheddar
Salz und frisch gemahlener Pfeffer

- Die Karotten in kochendem Wasser in 6–8 Minuten garen, dann die Limabohnen zugeben und alles weitere 2 Minuten köcheln lassen.
- In der Zwischenzeit in einem Küchenmixer Reismehl, Backpulver, Ei, Sojamilch und 2–3 EL Wasser vermengen.
- In einer Pfanne bei mittlerer Temperatur das Olivenöl erhitzen, ein Viertel vom Teig hineingeben und 2–3 Minuten von jeder Seite backen. Warm halten und die restlichen 3 Pfannkuchen backen.
- Karotten und Limabohnen zerdrücken. Die Walnüsse und Petersilienblätter unterrühren. Mit Salz und Pfeffer würzen.
- Die Karottenmischung auf die Pfannkuchen verteilen, jeweils in die Mitte setzen und eine Seite des Pfannkuchens über die andere schlagen.
- Pfannkuchen auf ein Backblech legen und mit Cheddar bestreuen. Unter dem Grill in 3–4 Minuten goldbraun backen.
- Dazu einen knackigen grünen Salat servieren.

---

10 **Mini-Pfannkuchen** In einer Schüssel 2 Eier mit 180 g Buchweizenmehl, 2 TL glutenfreiem Backpulver und 300 ml Milch zu einem glatten Teig verrühren. In einer Pfanne bei mittlerer Temperatur 1 EL Olivenöl erhitzen und für 4 kleine Pfannkuchen 4 EL Teig in die Pfanne geben. So lange backen, bis auf der Oberfläche Blasen erscheinen, dann wenden und 1 weitere Minute backen. Mit dem restlichen Teig genauso verfahren. 2 Karotten putzen und reiben. Die Pfannkuchen mit 25 g Rucola, 250 g Hummus (FP), den Karotten sowie Dips nach Belieben servieren.

30 **Pfannkuchen mit Ratatouille** Den Backofengrill auf höchster Stufe vorheizen. 1 Aubergine würfeln, je 1 rote und gelbe Paprika entkernen und hacken. 1 Zwiebel und 2 Zucchini in Scheiben schneiden. In einem Topf bei mittlerer Temperatur 1 EL Olivenöl erhitzen. Darin die Gemüse und 1 Dose gehackte Tomaten (400 g), 200 ml Wasser und ½ TL getrockneten Oregano 20 Minuten köcheln lassen, abschmecken. In der Zwischenzeit aus 120 g Reismehl, 1 TL glutenfreiem Backpulver, 1 Ei, 180 ml Sojamilch und 2–3 EL Wasser einen Teig zubereiten. In einer Pfanne bei mittlerer Temperatur 2 EL Olivenöl erhitzen und 4 Pfannkuchen backen. Jeweils ein Viertel vom Ratatouille auf 1 Pfannkuchen geben, aufrollen und in eine ofenfeste Form legen. Mit 100 g geriebenem Gruyère bestreuen und 3–4 Minuten unter dem Grill überbacken.

30 Lachs-Ceviche

Für 4 Personen
450 g frischer Lachs
Saft von 6–8 Limetten
4 Frühlingszwiebeln
2 Selleriestangen
1 EL fein gehackte Korianderblätter
100 g Brunnenkresse zum Garnieren
Salz und frisch gemahlener Pfeffer

- Den Lachs in dünne Scheiben schneiden und in eine Schüssel legen. Den Limettensaft darübergießen. Zugedeckt 25 Minuten in den Kühlschrank stellen.
- Kurz vor dem Servieren abgießen. Die Frühlingszwiebeln fein hacken, den Sellerie in feine Scheiben schneiden. Frühlingszwiebeln, Sellerie und Korianderblätter zum Lachs geben und mischen. Mit Salz und Pfeffer würzen.
- Den Lachs mit Brunnenkresse garnieren und dazu glutenfreie Kräcker servieren.

---

10 Salat mit heiß geräuchertem Lachs

Salat mit heiß geräuchertem Lachs 400 g heiß geräucherten Lachs in kleine Stücke teilen. 200 g Spargel putzen und schälen. In kochendem Wasser 1–2 Minuten blanchieren, dann abgießen und kalt abschrecken. 4 Frühlingszwiebeln putzen und klein schneiden. 100 g Radieschen in Scheiben schneiden, 12 kleine Pflaumentomaten halbieren. Den Lachs, die Gemüse, 1 Handvoll Korianderblätter und 250 g gemischte Salatblätter in eine Schüssel geben. 1 rote Chili entkernen und würfeln. Mit 3 EL extra nativem Olivenöl, 1 EL Limettensaft, 1 TL grobkörnigem Senf und ½ TL flüssigem Honig zu einem Dressing vermengen. Den Salat mit dem Dressing mischen, abschmecken. Sofort mit Limettenspalten servieren.

---

20 Reisnudeln und Lachs aus dem Wok

In einem Topf 120 g Reisnudeln nach Packungsanleitung garen. 400 g Lachsfilet in Scheiben schneiden und 2 Knoblauchzehen fein hacken. 3 Tomaten hacken, 4 Frühlingszwiebeln putzen und klein schneiden. In einem Wok 1 EL Olivenöl erhitzen. Darin Lachs und Knoblauch 1–2 Minuten unter Rühren braten. Tomaten und Frühlingszwiebeln zugeben und 1 Minute mitbraten. 3 EL Tamari-Sojasauce, 1 EL Honig, Saft von 1 Limette und 1 Handvoll Korianderblätter einrühren. Weitere 1–2 Minuten braten und abschmecken. Die Nudeln in 4 Schalen füllen und den Lachs aus dem Wok darauf verteilen. Mit Sesam und Schnittlauchröllchen bestreuen und servieren.

20 Bohnen-Spinat-Frittata

Für 4 Personen

750 g Dicke Bohnen aus dem Glas
25 g grüne Bohnen
250 g Babyspinatblätter
6 große Eier
1 EL gehackte Petersilienblätter
60 g geriebener Manchego
2 EL Olivenöl
Salz und frisch gemahlener Pfeffer

- Den Backofengrill auf mittlerer Stufe vorheizen. Die Dicken Bohnen in kochendem Wasser in 5–6 Minuten weich blanchieren. Bohnen etwas abkühlen lassen, dann die Häutchen entfernen.
- Die grünen Bohnen putzen und halbieren. In kochendem Wasser 1–2 Minuten blanchieren, abgießen, kalt abschrecken.
- In einem Topf den Spinat mit 50 ml Wasser 1–2 Minuten dämpfen, bis die Blätter etwas zusammengefallen sind. Überschüssige Flüssigkeit herausdrücken.
- In einer großen Schüssel die Eier verquirlen, mit Salz und Pfeffer würzen und Bohnen, Spinat, Petersilienblätter und die Hälfte des Käses unterrühren.
- In einer Pfanne das Olivenöl erhitzen und die Ei-Gemüse-Mischung hineingeben. Bei schwacher Hitze 10–12 Minuten stocken lassen, bis die Unterseite gar ist. Restlichen Käse über die Frittata streuen und diese unter dem Grill in 2 Minuten goldbraun backen.

---

10 **Bohnen-Spinat-Salat** 250 g grüne Bohnen putzen und halbieren. In einem Topf mit kochendem Wasser grüne Bohnen und 500 g Dicke Bohnen aus dem Glas 5–6 Minuten blanchieren. Abgießen und kalt abschrecken. 3 Frühlingszwiebeln putzen und hacken, 12 kleine Pflaumentomaten waschen und vierteln. Die Gemüse in einer Schüssel mit 125 g jungen Spinatblättern vermengen, würzen. 200 g Feta zerbröckeln und mit einem Dressing aus 3 EL Olivenöl, 4 EL Zitronensaft, Salz und Pfeffer unterheben.

30 **Bohneneintopf mit Spinat** 1 Zwiebel hacken und 2 Knoblauchzehen zerdrücken. In einem Topf bei mittlerer Temperatur 1 EL Pflanzenöl erhitzen, die Zwiebeln darin 2–3 Minuten dünsten. Dann Knoblauch und 3 TL gemahlenen Kreuzkümmel einrühren, 1–2 Minuten mitdünsten. 1 Dose gehackte Tomaten (400 g) und 2–3 EL Wasser hinzufügen und alles 5 Minuten köcheln lassen. ½ Dose Cannellini-Bohnen (200 g) abspülen und abtropfen lassen. 100 g grüne Bohnen putzen und halbieren. Cannellini- und grüne Bohnen sowie 200 g Dicke Bohnen aus dem Glas und 1 EL gehackte Basilikumblätter hinzufügen und alles aufkochen. Bei Bedarf mehr Wasser zugeben und das Ganze 20 Minuten köcheln lassen. 100 g junge Spinatblätter einrühren und weitere 2–3 Minuten köcheln. Abschmecken und servieren.

10 Penne mit Hähnchen und Estragonpesto

Für 4 Personen

300 g glutenfreie Penne
125 ml Olivenöl
1 Knoblauchzehe, zerdrückt
75 g geriebener Parmesan
1 Handvoll Estragonblätter
75 g geröstete Pinienkerne
fein abgeriebene Schale und Saft von 1 unbehandelten Zitrone
3 gegarte Hähnchenbrustfilets, in feine Scheiben geschnitten
12 kleine Tomaten, geviertelt
100 g Brunnenkresse
Salz und frisch gemahlener Pfeffer

- Die Penne in kochendem Wasser nach Packungsanleitung al dente garen. Abgießen, kalt abschrecken und mit 2 EL vom Olivenöl mischen.
- In der Zwischenzeit den Knoblauch mit Parmesan, Estragonblättern, Pinienkernen und Zitronenschale im Küchenmixer 1 Minute zerkleinern. Bei laufendem Motor nach und nach das restliche Öl unterarbeiten, bis ein Pesto entsteht.
- Penne mit Pesto, Hähnchen, Tomaten, Brunnenkresse und Zitronensaft mischen, abschmecken und servieren.

---

20 **Tagliatelle mit Estragonhähnchen** Den Backofengrill auf höchster Stufe vorheizen. In einer Schüssel 4 Hähnchenbrüste (je 150 g) mit 2 EL Olivenöl, 2 EL gehackten Estragonblättern und 1 Prise frisch gemahlenem Pfeffer vermengen. Hähnchen von jeder Seite 5–6 Minuten grillen, bis das Fleisch gar ist. In der Zwischenzeit 350 g glutenfreie Tagliatelle nach Packungsanleitung al dente garen. 4 Frühlingszwiebeln putzen und hacken. 12 Kirschtomaten vierteln. In einer großen Pfanne bei mittlerer Temperatur 1 EL Olivenöl erhitzen, Frühlingszwiebeln und Tomaten darin 2 Minuten dünsten, würzen. Die Hähnchenbrüste in Scheiben schneiden und mit in die Pfanne geben. Die Nudeln abgießen und ebenfalls in die Pfanne geben. Die Zutaten gut vermischen, mit 2 EL gerösteten Pinienkernen bestreuen und servieren.

---

30 **Hähnchen-Estragon-Pizza** Den Backofen auf 220 °C vorheizen. 200 g glutenfreie Pizzasauce aus dem Glas auf 2 glutenfreie Pizzaböden streichen. 3 Tomaten in Scheiben schneiden, 3 grüne Paprika entkernen und in Streifen schneiden. 150 g Mozzarella in Scheiben schneiden. Jeden Pizzaboden mit Tomatenscheiben, Paprikastreifen, 3 Scheiben gegarter Hähnchenbrust und Mozzarellascheiben belegen. Mit 1 EL glutenfreiem Pesto aus dem Glas beträufeln und mit 1 EL gehackten Estragonblättern bestreuen. Im Ofen 25 Minuten backen. Dazu einen knackigen grünen Salat reichen.

10 Anchovis-Brokkoli-Linguine

Für 4 Personen

450 g glutenfreie Linguine
300 g Brokkoli
6 EL extra natives Olivenöl
1 rote Chili
16 Anchovis
Salz und frisch gemahlener Pfeffer

- Die Linguine in reichlich kochendem Wasser nach Packungsanleitung al dente garen. Den Brokkoli in Röschen teilen und nach 5 Minuten zugeben.
- Nudeln und Brokkoli abgießen und warm halten.
- In der Zwischenzeit die Chili entkernen und fein hacken, die Anchovis ebenfalls hacken. In einer Pfanne bei mittlerer Temperatur das Olivenöl erhitzen und Chili und Anchovis unter Rühren 2 Minuten darin braten.
- Linguine und Brokkoli in die Pfanne geben und gründlich mit dem Öl vermengen. Abschmecken und sofort servieren.

---

20 Brokkoli-Anchovis-Pitta In einer Grillpfanne 4 glutenfreie Pittabrote von jeder Seite 2 Minuten rösten. Jedes Brot mit 1 ½ EL glutenfreiem Tomatenketchup bestreichen. 300 g Brokkoliröschen in kochendem Wasser 4–5 Minuten garen, dann abgießen. 12 Anchovis hacken. In einer Pfanne bei mittlerer Temperatur 1 EL Olivenöl erhitzen. Anchovis und 1 EL Chiliflocken darin 1 Minute braten. Den Brokkoli zugeben und mit den Anchovis mischen, abschmecken, dann auf die Pittabrote geben. 150 g Feta zerbröseln, die Brote damit bestreuen und sofort servieren.

---

30 Brokkoli-Anchovis-Pizza Den Backofen auf 220 °C vorheizen. 300 g Brokkoliröschen in kochendem Wasser 3–4 Minuten blanchieren, unter fließend kaltem Wasser abschrecken und abtropfen lassen. 300 g glutenfreie Pizzasauce aus dem Glas auf 2 glutenfreie Pizzaböden streichen und die Böden auf Backbleche legen. 12 Anchovis und 2 Knoblauchzehen hacken. Die Pizzen mit Brokkoli, Anchovis und Knoblauch belegen. Salz, frisch gemahlenen Pfeffer und 100 g geriebenen Mozzarella darüberstreuen. Die Pizzen im Ofen 20–25 Minuten backen.

20 Spinat mit Eiern und Käsesauce

Für 4 Personen
15 g Butter
450 g Spinatblätter
1 Prise geriebene Muskatnuss
4 große Eier
Salz und frisch gemahlener Pfeffer

Für die Käsesauce
20 g Butter
20 g glutenfreies Mehl
¼ TL Senf
300 ml Milch
100 g geriebener Cheddar

- Den Backofengrill auf höchster Stufe vorheizen.
- Für die Käsesauce in einem kleinen Topf die Butter zerlassen. Mehl und Senf einrühren und 1 Minute unter ständigem Rühren kochen lassen.
- Nach und nach die Milch einrühren, die ganze Zeit rühren, damit sich keine Klümpchen bilden. Die Sauce unter Rühren aufkochen lassen. Die Temperatur reduzieren und zwei Drittel des Käses einrühren.
- In der Zwischenzeit in einem Topf die Butter zerlassen und den Spinat darin einige Minuten dünsten. Mit Salz, Pfeffer und Muskat würzen. Den Spinat in eine Auflaufform füllen oder auf 4 kleinere Portionsformen verteilen.
- Die Eier in köchelndem Wasser 4–5 Minuten pochieren und auf den Spinat legen.
- Die Käsesauce darübergießen und alles mit dem restlichen Cheddar bestreuen. Unter dem Grill goldbraun überbacken. Sofort servieren.

---

10 **Spinatsalat mit Ei und Speck** Den Backofengrill auf höchster Stufe vorheizen. 4 Scheiben ungeräucherten durchwachsenen Speck darunter knusprig backen, dann grob hacken. 4 Frühlingszwiebeln putzen und hacken, 12 Kirschtomaten halbieren. Frühlingszwiebeln und Tomaten mit 150 g Spinatblättern, 40 g Brunnenkresse und nach Belieben 2 EL glutenfreiem Dressing aus dem Glas nach Belieben vermengen. 4 Eier in köchelndem Wasser 4–5 Minuten pochieren. Den Salat jeweils mit 1 pochierten Ei und Speckwürfeln belegen und servieren.

---

30 **Spinatomelett mit Käse** 8 Eier mit je 1 Prise Salz und frisch gemahlenem Pfeffer sowie 1 EL Crème fraîche verquirlen. In einer Pfanne bei mittlerer Temperatur 1 EL Pflanzenöl erhitzen, ein Viertel der Eier hineingeben und mit einer Gabel verrühren. Die Pfanne ab und zu schwenken. Sind die Eier fest, 25 g junge Spinatblätter und 25 g geriebenen Cheddar daraufgeben. Das Omelett zur Hälfte zusammenlegen. Weitere 1–2 Minuten garen. Aus der Pfanne nehmen und warm halten. Weitere 3 Omeletts auf diese Weise backen.

30 Ofengemüse mit Hähnchenbrust

Für 4 Personen

3 rote Paprika
400 g Süßkartoffeln
2 rote Zwiebeln
8–10 Thymianzweige
4 Knoblauchzehen
3 EL Olivenöl
4 Hähnchenbrüste
Salz und frisch gemahlener Pfeffer

- Den Backofen auf 200 °C vorheizen.
- Die Paprika entkernen und in Streifen schneiden. Die Süßkartoffeln schälen und in Spalten schneiden, die Zwiebeln ebenfalls in Spalten schneiden. Alles in eine große Bratform legen und Thymian und Knoblauch zugeben.
- Mit Salz und Pfeffer bestreuen und mit 2 EL vom Öl beträufeln. Im Backofen 10 Minuten backen.
- In der Zwischenzeit in einer Pfanne bei mittlerer Temperatur das restliche Olivenöl erhitzen und die Hähnchenbrüste von jeder Seite in 4–5 Minuten goldbraun braten.
- Das Gemüse aus dem Ofen nehmen, die Thymianzweige entfernen und das Gemüse gut vermengen. Das Hähnchenfleisch hineinbetten und das Ganze weitere 15 Minuten im Ofen backen.

10 **Paprikasalat mit Hähnchen** 1 Knoblauchzehe zerdrücken. In einer Schüssel mit 3 EL Olivenöl, 1 EL Himbeeressig, ½ TL Dijonsenf und 1 TL flüssigem Honig zu einem Dressing verrühren. 2 rote Paprika entkernen und würfeln. 1 rote Zwiebel in Scheiben schneiden, 12 grüne Trauben waschen und halbieren. 3 gegarte Hähnchenbrüste in Scheiben schneiden. In einer großen Schüssel Paprika, Zwiebeln, Trauben, Hähnchen, 140 g Brunnenkresse, Rucola oder Spinatblätter und 2 EL geröstete Kürbiskerne vermischen. Mit dem Dressing vermengen, abschmecken und sofort servieren.

20 **Süßkartoffelsuppe mit Hähnchen** 2 rote Zwiebeln würfeln, 1 rote Paprika entkernen und würfeln. 2 Knoblauchzehen zerdrücken. In einem Topf bei mittlerer Temperatur 1 EL Olivenöl erhitzen. Zwiebeln, Paprika und Knoblauch zugeben und 2–3 Minuten dünsten. Dann 500 g Süßkartoffeln schälen und würfeln, hinzufügen. 1 TL gemahlenen Kreuzkümmel einrühren und 900 ml Gemüsebrühe zugießen. 15 Minuten köcheln lassen. Mit einem Stabmixer das Ganze glatt pürieren, mit Salz und frisch gemahlenem Pfeffer würzen. 2 gegarte Hähnchenbrüste klein schneiden und ebenfalls in die Suppe geben. 1 Minute erhitzen. Die Suppe mit einem Tupfer Naturjoghurt servieren.

QuickGluten-free

Suppen & Salate

Rezepte nach Zubereitungszeit

30

20

10 Kürbiscreme-Kichererbsen-Suppe mit Rösti

Für 4 Personen

2 EL Olivenöl
300 g Kürbisfleisch, in mundgerechte Würfel geschnitten
300 ml Gemüsebrühe
200 g Sauerrahm
1 Msp. geriebene Muskatnuss
1 Prise Cayennepfeffer
1 EL gehackte Petersilienblätter
1 Dose Kichererbsen (400 g), abgespült und abgetropft
4 mittelgroße Kartoffeln, geschält und gerieben
1 Ei
25 g Butter
50 g geriebener Manchego
Salz und frisch gemahlener Pfeffer

- In einem Topf bei mittlerer Temperatur 1 EL Olivenöl erhitzen und die Kürbiswürfel darin rundherum bräunen. Die Gemüsebrühe zugeben und den Kürbis in 5–6 Minuten weich kochen. Mit dem Stabmixer cremig pürieren.
- Den Sauerrahm unterrühren und alles mit Muskatnuss und Cayennepfeffer würzen. Die Petersilienblätter einrühren. Die Kichererbsen einrühren und miterwärmen. Ist die Suppe zu sämig, weitere Gemüsebrühe zugeben.
- In der Zwischenzeit aus den Kartoffelraspel das Wasser ausdrücken. Mit Ei, Salz und Pfeffer mischen und 4 Rösti formen. In einer großen Pfanne Butter und 1 EL Olivenöl erhitzen. Die Rösti darin 3–4 Minuten von einer Seite braten, wenden, mit Manchego bestreuen und in weiteren 3–4 Minuten goldgelb braten. Die Rösti noch warm zur Suppe servieren.

---

20 Curry-Kichererbsen-Suppe mit Butternut-Kürbis In einem Topf bei mittlerer Temperatur 1 EL Öl erhitzen. 1 Zwiebel hacken und darin 1–2 Minuten dünsten. 100 g Kartoffeln schälen und in große Stücke schneiden. 1 Dose Kichererbsen (400 g) abspülen und abtropfen lassen. 850 g Butternut-Kürbis schälen und in Stücke schneiden. Kartoffeln, Kichererbsen, Kürbis und 1 TL mildes Currypulver in den Topf geben. Gut durchmischen, damit alles vom Gewürz überzogen wird. 600 ml Gemüsebrühe und 50 g Kokosnusscreme hinzufügen und alles aufkochen. 12–15 Minuten köcheln lassen, dabei ab und zu umrühren. Dann sollten Kartoffeln und Kürbis weich sein, abschmecken. Mit einem Stabmixer die Suppe cremig-glatt pürieren, abschmecken. In einer kleinen Pfanne 1 TL Pflanzenöl erhitzen. 1 TL Kreuzkümmelsamen und 30 g Kürbiskerne darin unter Rühren 2–3 Minuten braten, bis Samen und Kerne leicht gebräunt sind. Zum Servieren die Suppe in Schalen anrichten und mit Samen und Kernen bestreuen.

---

30 Kichererbsen-Couscous-Salat Den Backofen auf 200 °C vorheizen. 400 g gewürfeltes Butternut-Kürbis-Fruchtfleisch und 1 in Spalten geschnittene rote Zwiebel auf ein Backblech legen. Mit 1 EL Olivenöl beträufeln, 2–3 Thymianzweige waschen, trocken schütteln und dazulegen. Im Ofen in 15–20 Minuten weich backen. 75 g Couscous 10 Minuten in heißem Wasser einweichen, dann auflockern. Kürbis, Zwiebeln, 25 g gehackte Pekannüsse, 1 abgespülte und abgetropfte Dose Kichererbsen (400 g) und 1 TL Harissa unter den Couscous mengen, abschmecken. Den Kichererbsen-Couscous-Salat auf Rucolabättern anrichten.

20 Bohnensuppe mit Wirsing und Trüffelöl

Für 4 Personen

1 Dose Cannellini-Bohnen (400 g)
1 Dose Limabohnen (400 g)
½ Wirsingkohl
1 Zwiebel
2 Knoblauchzehen
2 EL Olivenöl
1 Dose gehackte Tomaten (400 g)
½ TL gehackte Rosmarinnadeln
850 ml Gemüsebrühe
1 TL Trüffelöl
Salz und frisch gemahlener Pfeffer
25 g geriebener Parmesan zum Bestreuen

- Die Bohnen abspülen und abtropfen lassen. Den Wirsing klein schneiden.
- Die Zwiebeln und die Knoblauchzehen hacken. In einem Topf bei mittlerer Temperatur das Öl erhitzen. Die Zwiebeln darin in 1–2 Minuten weich dünsten. Knoblauch, Cannellini- und Limabohnen zu den Zwiebeln geben und 1 Minute erhitzen. Wirsing, Tomaten und Rosmarin hinzufügen, dann Brühe und Trüffelöl in den Topf geben. Das Ganze gut umrühren, mit Salz und Pfeffer würzen und zum Kochen bringen. 10–12 Minuten köcheln, bis der Kohl weich ist.
- Die Suppe in tiefen Tellern anrichten. Mit Parmesan bestreuen und servieren.

10 Bohnen-Trüffel-Salat

150 g grüne Bohnen putzen, 2–3 Minuten dämpfen, unter fließend kaltem Wasser abschrecken und in eine Schüssel geben. Je 1 Dose Cannellini- und Limabohnen (je 400 g) abspülen und abtropfen lassen. 125 g Kirschtomaten halbieren. 4 Frühlingszwiebeln in Scheiben schneiden. Bohnen, Tomaten, Frühlingszwiebeln und 2 EL gehackte Petersilienblätter unter die grünen Bohnen mengen. 3 EL Olivenöl, 2 TL Trüffelöl, 1 EL Balsamico und 1 TL flüssigen Honig verrühren und mit dem Salat mischen. Nach Belieben mit Salz und frisch gemahlenem Pfeffer abschmecken.

30 Bohnensalat auf gegrillten Süßkartoffeln

600 g Süßkartoffeln schälen und in dicke Scheiben schneiden. In einem Topf in kochendem Wasser 5 Minuten garen. Abgießen und mit 1 EL Olivenöl, Salz und frisch gemahlenem Pfeffer mischen. In einer Grillpfanne 2 EL Olivenöl erhitzen und die Süßkartoffelscheiben darin portionsweise 3–4 Minuten von jeder Seite braten. Am Rand sollten sie jeweils leicht gebräunt sein. In der Zwischenzeit 150 g grüne Bohnen putzen. 2 Minuten in kochendem Wasser blanchieren, abgießen und kalt abspülen. 1 Dose Limabohnen (400 g) abspülen und abtropfen lassen. 2 Kirschtomaten halbieren. 1 rote Zwiebel in dünne Scheiben schneiden, ½ Salatgurke hacken. In einer Schüssel Bohnen, Tomaten, Zwiebeln und Gurke mischen. 3 EL extra natives Olivenöl, 1 TL Trüffelöl, 1 TL Dijonsenf und 1 EL Balsamico zu einem Dressing verrühren, abschmecken. Das Dressing über den Bohnensalat geben. Den Salat auf den gegrillten Süßkartoffeln anrichten und servieren.

30 Lachssuppe mit Kartoffeln und Gemüse

Für 4 Personen

500 g Blumenkohl
50 g Butter
1 Zwiebel, gehackt
1 Porreestange, geputzt und klein geschnitten
600 g Kartoffeln, geschält und gewürfelt
300 g Steckrüben, geschält und gewürfelt
1,2 l Fischbrühe
2 Tomaten, gehackt
500 g Lachsfilet, in große Stücke geschnitten
100 g Sahne
1 TL Sahnemeerrettich
Saft von ½ Zitrone
2 EL gehackte Dillspitzen
Salz und frisch gemahlener Pfeffer

- Den Blumenkohl in Röschen teilen und in kochendem Wasser in 4–5 Minuten weich garen. Abgießen und beiseitestellen.
- In der Zwischenzeit in einem großen Topf bei mittlerer Hitze die Butter zerlassen. Zwiebeln und Porree zugeben und darin 3–4 Minuten dünsten.
- Die Kartoffeln und die Steckrüben zum Porree hinzufügen und alles weitere 2 Minuten dünsten. Mit der Fischbrühe ablöschen und das Ganze zum Kochen bringen. Zugedeckt 10 Minuten köcheln lassen.
- Die Tomaten mit dem Blumenkohl in den Topf geben und das Ganze weitere 4–5 Minuten köcheln.
- Den Lachs vorsichtig einrühren und in 4–5 Minuten garen.
- Sahne, Sahnemeerrettich und Zitronensaft in die Suppe rühren. Mit Salz und Pfeffer abschmecken. Mit Dill bestreuen und servieren.

---

10 Räucherlachssalat 250 g gemischte Salatblätter auf 4 Tellern anrichten. 4 gegarte Rote Bete und ½ Salatgurke in Scheiben schneiden. 8 Radieschen putzen und halbieren. 12 Kirschtomaten würfeln. Die Gemüse auf dem Salat verteilen. 400 g Räucherlachs in Scheiben darauflegen. 1 TL Sahnemeerrettich mit 2 EL glutenfreiem Salatdressing aus dem Glas verrühren, abschmecken und auf den Salat geben. Vor dem Servieren mit 1 EL gerösteten Sesamsamen bestreuen.

20 Gegrillter Lachs mit Dillkartoffeln Den Backofengrill auf höchster Stufe vorheizen. 500 g Kartoffeln schälen und in dicke Scheiben schneiden. In einem Topf in leicht gesalzenem Wasser 10–12 Minuten garen und abgießen. Die Kartoffeln wieder in den Topf geben und locker aufschütteln. In einer Pfanne bei mittlerer Temperatur 2 EL Olivenöl erhitzen und die Kartoffeln darin unter gelegentlichem Wenden 8 Minuten braten. In der Zwischenzeit 4 Lachsfilets (je 150 g) von jeder Seite 3–4 Minuten grillen, würzen. ¼ Salatgurke reiben. Mit 2 EL Sahnemeerrettich und 5 EL Naturjoghurt verrühren, abschmecken. Die Kartoffeln mit 2 EL gehacktem Dill mischen und mit Salz und frisch gemahlenem Pfeffer würzen. Den Lachs auf einem Bett aus Dillkartoffeln anrichten und mit einem Tupfer Meerrettichjoghurt servieren.

20 Kalte Avocadosuppe

Für 4 Personen

4 große Avocados
½ rote Chili
Saft von 1 Limette
900 ml Gemüsebrühe
2 Frühlingszwiebeln, in dünne Scheiben geschnitten
½ rote Paprika, entkernt und gewürfelt
¼ Salatgurke, in kleine Würfel geschnitten
1 EL Korianderblätter
2 EL Olivenöl
2 TL Zitronensaft
2 EL geröstete Kürbiskerne
Salz und frisch gemahlener Pfeffer
8 Eiswürfel zum Anrichten

- Die Avocados schälen, entsteinen und klein würfeln. Die Chili entkernen und würfeln. Avocados, Chili und Limettensaft mit der Brühe in einen Küchenmixer geben und glatt pürieren. Mit Salz und Pfeffer würzen und 15 Minuten kalt stellen.
- In der Zwischenzeit die Frühlingszwiebeln, die Paprika und die Salatgurke mit den restlichen Zutaten mischen.
- Jeweils 2 Eiswürfel in tiefe Teller legen und die kalte Suppe darübergießen.
- Mit dem Gemüse bestreuen und servieren.

---

10 **Guacamole-Avocado-Salat** 3 Avocados schälen, entsteinen und klein würfeln. 2 Tomaten fein hacken, 1 rote Chili klein würfeln. 2 Knoblauchzehen zerdrücken. 1 Bund Koriander waschen und trocken schütteln, die Blätter abzupfen und hacken. Die Gemüse und die Kräuter mit dem Saft von ½ Limette sowie etwas Salz und frisch gemahlenem Pfeffer mischen. Alles leicht zu einer Guacamole zerdrücken. ½ Salatgurke in Scheiben schneiden und in eine Schüssel füllen. 250 g gemischte Salatblätter zugeben. Mit 2 EL glutenfreiem Dressing aus dem Glas nach Belieben vermengen. Den Salat anrichten und die Guacamole daraufgeben.

---

30 **Avocadosalat mit Chorizo** 3 dicke Scheiben glutenfreies Brot in 2 cm x 2 cm große Würfel schneiden. In einem Topf bei mittlerer Temperatur 2 EL Olivenöl erhitzen und die Brotwürfel darin goldbraun rösten, beiseitestellen. In einem Topf 200 g Chorizo 3–4 Minuten braten. 250 g Kirschtomaten hinzufügen. 2–3 Minuten darin dünsten, dann 2 EL Balsamico und 1 Prise Zucker zugeben. 2 Avocados schälen, entsteinen und in Scheiben schneiden. Mit 200 g gemischten Salatblättern und mit den Croûtons mischen. Chorizo und Tomaten auf Tellern anrichten, den Salat daraufgeben. Mit den Säften aus dem Topf beträufeln.

30 Lachssuppe mit Kartoffeln und Gemüse

Für 4 Personen

500 g Blumenkohl
50 g Butter
1 Zwiebel, gehackt
1 Porreestange, geputzt und klein geschnitten
600 g Kartoffeln, geschält und gewürfelt
300 g Steckrüben, geschält und gewürfelt
1,2 l Fischbrühe
2 Tomaten, gehackt
500 g Lachsfilet, in große Stücke geschnitten
100 g Sahne
1 TL Sahnemeerrettich
Saft von ½ Zitrone
2 EL gehackte Dillspitzen
Salz und frisch gemahlener Pfeffer

- Den Blumenkohl in Röschen teilen und in kochendem Wasser in 4–5 Minuten weich garen. Abgießen und beiseitestellen.
- In der Zwischenzeit in einem großen Topf bei mittlerer Hitze die Butter zerlassen. Zwiebeln und Porree zugeben und darin 3–4 Minuten dünsten.
- Die Kartoffeln und die Steckrüben zum Porree hinzufügen und alles weitere 2 Minuten dünsten. Mit der Fischbrühe ablöschen und das Ganze zum Kochen bringen. Zugedeckt 10 Minuten köcheln lassen.
- Die Tomaten mit dem Blumenkohl in den Topf geben und das Ganze weitere 4–5 Minuten köcheln.
- Den Lachs vorsichtig einrühren und in 4–5 Minuten garen.
- Sahne, Sahnemeerrettich und Zitronensaft in die Suppe rühren. Mit Salz und Pfeffer abschmecken. Mit Dill bestreuen und servieren.

---

10 Räucherlachssalat 250 g gemischte Salatblätter auf 4 Tellern anrichten. 4 gegarte Rote Bete und ½ Salatgurke in Scheiben schneiden. 8 Radieschen putzen und halbieren. 12 Kirschtomaten würfeln. Die Gemüse auf dem Salat verteilen. 400 g Räucherlachs in Scheiben darauflegen. 1 TL Sahnemeerrettich mit 2 EL glutenfreiem Salatdressing aus dem Glas verrühren, abschmecken und auf den Salat geben. Vor dem Servieren mit 1 EL gerösteten Sesamsamen bestreuen.

20 Gegrillter Lachs mit Dillkartoffeln Den Backofengrill auf höchster Stufe vorheizen. 500 g Kartoffeln schälen und in dicke Scheiben schneiden. In einem Topf in leicht gesalzenem Wasser 10–12 Minuten garen und abgießen. Die Kartoffeln wieder in den Topf geben und locker aufschütteln. In einer Pfanne bei mittlerer Temperatur 2 EL Olivenöl erhitzen und die Kartoffeln darin unter gelegentlichem Wenden 8 Minuten braten. In der Zwischenzeit 4 Lachsfilets (je 150 g) von jeder Seite 3–4 Minuten grillen, würzen. ¼ Salatgurke reiben. Mit 2 EL Sahnemeerrettich und 5 EL Naturjoghurt verrühren, abschmecken. Die Kartoffeln mit 2 EL gehacktem Dill mischen und mit Salz und frisch gemahlenem Pfeffer würzen. Den Lachs auf einem Bett aus Dillkartoffeln anrichten und mit einem Tupfer Meerrettichjoghurt servieren.

ALUMINITE
FRUGIER

20 Porree-Rucola-Suppe

Für 4 Personen

500 g Porree
1 EL Olivenöl zzgl. etwas zum Beträufeln
500 ml Gemüsebrühe
60 g Rucolablätter
125 g Crème fraîche
200 ml Sojamilch
Salz und frisch gemahlener Pfeffer

- Den Porree putzen und in Scheiben schneiden. In einem Topf bei mittlerer Temperatur das Olivenöl erhitzen. Den Porree darin in 8–10 Minuten weich dünsten.
- Die Brühe zugießen und die Rucolablätter einrühren. 4–6 Minuten köcheln lassen.
- Crème fraîche und Sojamilch einrühren. Das Ganze mit einem Stabmixer glatt pürieren. Wieder zum Köcheln bringen und mit Salz und Pfeffer würzen. Die Suppe mit etwas Olivenöl beträufeln und in Schalen servieren.

---

10 **Hühnersuppe mit Porree und Rucola** 1 Porreestange putzen und in feine Ringe schneiden. In einem Topf 500 g Kartoffelsuppe aus der Dose erhitzen und den Porree zugeben. Kurz aufkochen und 4–5 Minuten köcheln lassen. In der Zwischenzeit 2 gegarte Hähnchenbrüste klein schneiden. Das Fleisch mit 25 g Rucolablättern in die Suppe rühren. Die heiße Suppe mit einem Tupfer Naturjoghurt servieren.

30 **Porreefrittatas mit Rucolasalat** Den Backofen auf 200 °C vorheizen. 24 Tartelettformen oder Mulden von 2 Muffinblechen mit etwas Olivenöl bestreichen. 2 große Porreestangen putzen und würfeln. In einer Pfanne bei mittlerer Temperatur 1 EL Olivenöl erhitzen und den Porree 4–5 Minuten darin dünsten. In der Zwischenzeit 6 Eier, 200 g Sahne, 40 g geriebenen Gruyère und 30 g geriebenen Parmesan verrühren. Den Porree unterrühren und die Mischung mit Salz und frisch gemahlenem Pfeffer würzen. In die Formen geben und im Ofen 20 Minuten backen, bis die Creme fest ist. 12 Kirschtomaten vierteln, 2 Karotten schälen und reiben. 1 rote Zwiebel in feine Scheiben schneiden. In einer Schüssel die Gemüse mit 40 g Rucolablättern sowie einem Dressing aus 1 EL weißem Balsamico, 2 EL Olivenöl, Salz und Pfeffer mischen. Den Salat zu den Fritattas servieren.

20 Süßkartoffel-Paprika-Suppe

Für 4 Personen

2 EL Pflanzenöl
1 rote Zwiebel, gehackt
1 rote Paprika, entkernt und gehackt
600 g Süßkartoffeln, geschält und gewürfelt
8 Kirschtomaten
1 Msp. gemahlener Kreuzkümmel
1,2 l Gemüsebrühe
25 g Kokosnusscreme
Salz und frisch gemahlener Pfeffer
Naturjoghurt zum Garnieren
Korianderblätter zum Garnieren

- In einem Topf bei mittlerer Temperatur das Pflanzenöl erhitzen. Zwiebeln, Paprika und Süßkartoffeln darin 3–4 Minuten dünsten. Die Kirschtomaten mit dem Kreuzkümmel einrühren und 2–3 Minuten mitdünsten.
- Die Brühe zugießen und aufkochen, anschließend alles 12 Minuten köcheln lassen. Die Kokosnusscreme einrühren und alles weitere 2–3 Minuten köcheln. Die Suppe mit einem Stabmixer glatt pürieren. Mit Salz und Pfeffer abschmecken.
- Die Suppe zum Servieren in Schalen füllen. Mit einem Tupfer Naturjoghurt versehen und mit Korianderblättern dekorieren.

---

10 **Süßkartoffel-Paprika-Salat** 500 g Süßkartoffeln würfeln. 2 rote Paprika entkernen und hacken. In einer Pfanne bei mittlerer Temperatur 1 EL Olivenöl erhitzen. Kartoffeln und Paprika in 8–9 Minuten darin weich dünsten. Ab und zu umrühren. In der Zwischenzeit 2 Frühlingszwiebeln hacken, 16 Kirschtomaten halbieren. In einer Schüssel Frühlingszwiebeln und Tomaten mit 150 g Babyspinatblättern und 40 g Brunnenkresse mischen. Ein Dressing aus 2 EL weißem Balsamico, 2 EL Olivenöl, 1 Spritzer Zitronensaft, Salz und frisch gemahlenem Pfeffer darübergeben. Zum Servieren Süßkartoffeln und Paprika untermengen, abschmecken und mit 3 EL gerösteten Kürbiskernen bestreuen.

---

30 **Süßkartoffelsalat** Den Backofen auf 200 °C vorheizen. 900 g Süßkartoffeln in Spalten schneiden. In einer großen Schüssel 2 zerdrückte Knoblauchzehen, 4 EL Olivenöl, 2 TL gehackte Salbeiblätter, 1 TL Paprikapulver sowie etwas Salz und frisch gemahlenen Pfeffer mischen. Die Süßkartoffelspalten mit dem Kräuteröl überziehen, dann auf ein Backblech legen und im Ofen 25 Minuten backen. 4 Frühlingszwiebeln hacken. Mit 250 g Babyspinatblättern unter die warmen Süßkartoffeln heben. Mit etwas Olivenöl beträufeln, abschmecken und servieren.

30 Räucherschellfisch-Kartoffel-Eintopf

Für 4 Personen

1 EL Olivenöl
1 Zwiebel, gehackt
2 Selleriestangen, geputzt und in Scheiben geschnitten
400 g neue Kartoffeln, in mundgerechte Stücke geschnitten
600 ml Gemüsebrühe
600 ml Milch
400 g geräucherter Schellfisch
Salz und frisch gemahlener Pfeffer
1 EL gehackte Petersilienblätter zum Garnieren

- In einem großen Topf bei mittlerer Temperatur das Olivenöl erhitzen. Zwiebeln und Sellerie darin in 4–5 Minuten weich dünsten. Die Kartoffeln hinzufügen und unter Rühren 2 Minuten braten.
- Die Brühe zugießen und alles aufkochen lassen. 13–15 Minuten köcheln, bis die Kartoffeln weich sind. Die Milch zugießen und das Ganze erneut zum Kochen bringen.
- Den Fisch in mundgerechte Stücke schneiden, einrühren und weitere 4–5 Minuten köcheln. Kräftig würzen.
- Den Eintopf mit Petersilienblättern bestreuen und servieren.

---

10 **Kartoffelsalat mit geräuchertem Schellfisch** 4 geräucherte Schellfischfilets (je 150 g) in einen großen, weiten Topf legen und mit 300 ml Milch übergießen. Zum Kochen bringen, dann bei niedrigerer Temperatur 8–9 Minuten köcheln, bis der Fisch gar ist. In der Zwischenzeit 4 Eier in köchelndem Wasser in 4–5 Minuten pochieren. 200 g gekochte Kartoffeln vom Vortag in dicke Scheiben schneiden. 80 g Naturjoghurt und 2 TL Sahnemeerrettich unter die Kartoffeln rühren, würzen und die Kartoffeln auf 4 Tellern anrichten. Jeweils 1 Fischfilet und 1 pochiertes Ei darauflegen. Mit 2 EL Schnittlauchröllchen bestreuen und servieren.

20 **Schellfisch-Kartoffel-Salat** 500 g neue Kartoffeln halbieren und 10–12 Minuten in leicht gesalzenem Wasser garen. Abgießen. In einer Pfanne bei mittlerer Temperatur 2 EL Olivenöl erhitzen, die Kartoffeln darin unter häufigem Wenden in 5–6 Minuten goldbraun braten, würzen. In der Zwischenzeit in einem Topf 600 g geräucherte Schellfischfilets in 300 ml Milch 8–9 Minuten pochieren, abgießen und das Fleisch in kleine Stücke zupfen. 1 EL grobkörnigen Senf mit 5 EL extra nativem Olivenöl, 1 TL flüssigem Honig, 1 EL Weißweinessig, Salz und frisch gemahlenem Pfeffer zu einem Dressing verrühren. 4 Frühlingszwiebeln klein schneiden, 12 Kirschtomaten halbieren. In einer Schüssel Frühlingszwiebeln und Tomaten mit 125 g Salatblättern mischen und mit dem Dressing anmachen. Dann vorsichtig Kartoffeln und Fisch unterheben.

10 Erbsensuppe mit Schinken

Für 4 Personen

2 Schalotten
1 EL Olivenöl
1 Dose Erbsen (400 g)
350 ml Gemüse- oder Hühnerbrühe
150 g Sahne
150 g Kochschinken
2 EL Crème fraîche
Salz und frisch gemahlener Pfeffer
1 Handvoll Brunnenkresse zum Garnieren

- Die Schalotten würfeln. In einem großen Topf bei mittlerer Temperatur das Olivenöl erhitzen. Die Schalotten darin 2 Minuten dünsten. Die Erbsen abgießen und mit der Brühe in den Topf geben, alles aufkochen und bei schwacher Hitze 2–3 Minuten köcheln lassen.
- Den Topf vom Herd nehmen und die Sahne einrühren. Mit einem Stabmixer das Ganze zu einer glatten Suppe pürieren. Mit Salz und Pfeffer abschmecken.
- Den Schinken würfeln. Die Suppe langsam erhitzen und den Schinken unterrühren. Zum Servieren die Suppe in Schalen füllen, mit einem Tupfer Crème fraîche versehen und mit Brunnenkresse bestreuen.

20 Frittatasalat mit Erbsen und Schinken

Den Backofengrill auf höchster Stufe vorheizen. 2 Schalotten würfeln. In einer ofenfesten Pfanne bei mittlerer Temperatur 1 EL Olivenöl erhitzen. Die Schalotten darin 1–2 Minuten braten. Mit einem Schaumlöffel herausnehmen und beiseitelegen.
4 Scheiben ungeräucherten durchwachsenen Speck und 150 g Kochschinken würfeln. 6 große Eier verrühren, Speck, Schinken, 100 g Erbsen aus der Dose und 1 EL gehackte Petersilienblätter unterrühren, würzen. Die Eiermischung in der Pfanne bei mittlerer Temperatur 12–15 Minuten stocken lassen. Die Unterseite der Frittata sollte dann fest sein. 100 g geriebenen Cheddar darüberstreuen und die Frittata unter dem Grill in 2–3 Minuten goldbraun backen. In der Zwischenzeit 250 g grüne Salatblätter mit einem Dressing aus 2 EL Balsamico, 2 EL Olivenöl, 1 EL gehackten Basilikumblättern, Salz und frisch gemahlenem Pfeffer mischen. Die Frittata auf einen Teller stürzen, in Stücke schneiden und diese auf einem Bett aus Salat servieren.

30 Erbsen-Schinken-Reis aus dem Wok

150 g Basmatireis nach Packungsanleitung kochen. 3 Eier mit je 1 TL glutenfreier Austernsauce und Sojasauce verrühren. In einem Wok 1 EL Öl erhitzen und die Eier darin braten. Herausnehmen und beiseitestellen.
4 Frühlingszwiebeln hacken, 300 g Kochschinken würfeln. 1 weiteren EL Öl in den Wok geben, Frühlingszwiebeln und Schinken darin unter Rühren 1 Minute braten, 200 g Erbsen aus der Dose zugeben. Unter Rühren 2–3 Minuten weiterbraten, würzen. Das Gemüse aus dem Wok nehmen. Den Reis in den Wok geben, je 2–3 TL Tamari-Sojasauce und Austernsauce einrühren und 2–3 Minuten erhitzen. Schinken-Erbsen-Mischung und Rührei zugeben und unter Rühren 3–4 Minuten braten.

10 Bohnen-Tomaten-Salat mit Feta

Für 4 Personen

1 Dose Limabohnen (400 g), abgespült und abgetropft
18 Kirschtomaten, halbiert
½ Salatgurke, gewürfelt
180 g Feta, zerkrümelt
Saft von 1 Zitrone
1 TL getrocknete Chiliflocken
2 EL Olivenöl
60 g Brunnenkresse
2 TL Sonnenblumenkerne
1 TL Kürbiskerne
½ TL Sesamsamen
Salz und frisch gemahlener Pfeffer

- Bohnen, Kirschtomaten, Salatgurke und Feta in eine große Schüssel legen.
- In einer zweiten Schüssel Zitronensaft, Chiliflocken und Olivenöl mit Salz und Pfeffer zu einem Dressing verrühren.
- Die Brunnenkresse auf 4 Salattellern anrichten.
- In einer kleinen Pfanne ohne Fett Sonnenblumenkerne, Kürbiskerne und Sesam bei schwacher Hitze goldbraun rösten.
- Die Salatzutaten mit dem Dressing gut vermengen. Den Salat auf der Brunnenkresse anrichten und zum Servieren mit den gerösteten Kernen und Samen bestreuen.

---

20 **Limabohnensuppe mit Feta** 1 Zwiebel hacken, 2 Selleriestangen putzen und klein schneiden. In einem großen Topf bei mittlerer Temperatur 1 EL Olivenöl erhitzen, Zwiebeln und Sellerie darin 2–3 Minuten dünsten. 2 TL gemahlenen Kreuzkümmel 2 Minuten einrühren. 1 Dose Limabohnen abspülen und abtropfen lassen. Mit 1 Dose gehackten Tomaten (400 g) und 600 ml Gemüsebrühe in den Topf geben. Mit Salz und frisch gemahlenem Pfeffer würzen und 8 Minuten köcheln. 100 g Dicke Bohnen aus dem Glas, 1 EL gehackte Korianderblätter und den Saft von ½ Zitrone einrühren. 2–3 Minuten weiterköcheln lassen, abschmecken. Mit 150 g zerbröckeltem Feta bestreuen und servieren.

30 **Limabohnen-Tomaten-Curry** 1 Zwiebel hacken, 2 rote Paprika entkernen und würfeln. 2 Knoblauchzehen zerdrücken. In einem Topf bei mittlerer Temperatur 1 EL Olivenöl erhitzen. Zwiebeln, Paprika und Knoblauch darin 5–6 Minuten dünsten. 1 TL gemahlenen Kreuzkümmel und je 1 Msp. gemahlenen Koriander, gemahlene Kurkuma und Chilipulver einrühren. 1–2 Minuten erhitzen. 4 Tomaten hacken, 2 Dosen Limabohnen (800 g) abspülen und abtropfen lassen. Tomaten und Bohnen einrühren und einige Bohnen leicht zerdrücken. Das Ganze zugedeckt 8–10 Minuten köcheln lassen. Wird das Curry zu trocken, 2–3 EL Gemüsebrühe zugeben. 5 cm frische Ingwerwurzel schälen und fein reiben. Mit 1 Prise Garam Masala einrühren und alles weitere 2–3 Minuten köcheln. Zum Schluss 2 EL gehackte Korianderblätter einrühren. Dazu Basmatireis servieren.

30 Röstkartoffel-Tomaten-Salat mit Ziegenkäse

Für 4 Personen

450 g neue Kartoffeln
2 EL Olivenöl
4 Rispen kleine Strauchtomaten (je 125 g)
4 Scheiben Ziegenkäse (je 100 g)
2 TL flüssiger Honig
100 g Babyspinatblätter
1 EL Balsamico
50 g gehackte Walnüsse
Salz und frisch gemahlener Pfeffer

- Den Backofen auf 200 °C vorheizen.
- Die Kartoffeln halbieren und in leicht gesalzenem Wasser 3–4 Minuten kochen, dann abgießen.
- Das Olivenöl in eine Backform geben und 1–2 Minuten in den Backofen stellen. In die heiße Form die Kartoffeln legen, diese mit reichlich Salz und Pfeffer bestreuen und 15 Minuten im Backofen rösten.
- Die Tomaten von den 4 Rispen zupfen. In die Form geben und alles weitere 5 Minuten im Backofen rösten. Den Backofen auf die höchste Grillstufe schalten.
- In der Zwischenzeit den Ziegenkäse auf ein Backblech legen und jede Scheibe mit ½ TL Honig bestreichen. Unter dem Grill in 6–8 Minuten goldbraun backen.
- Die Spinatblätter auf 4 Tellern anrichten. Kartoffeln und Tomaten darauf verteilen. Balsamico in die Bratform geben und mit den Garsäften mischen.
- Den Ziegenkäse auf den Salat legen, mit Walnüssen bestreuen und alles mit den Garsäften aus der Form beträufeln.

10 Gegrillter Ziegenkäse mit Tomatensalsa

Den Backofengrill auf höchster Stufe vorheizen. 4 Scheiben Ziegenkäse (je 100 g) auf ein Backblech legen und jeweils mit ½ TL flüssigem Honig bestreichen. In 6–8 Minuten goldbraun grillen. 200 g Strauchtomaten und 1 rote Zwiebel würfeln. 1 Avocado schälen, entsteinen und würfeln. Das Gemüse mit 2 TL Weinessig mischen, würzen. Den Ziegenkäse auf Spinatblättern mit der Salsa anrichten.

20 Strauchtomatensuppe mit Ziegenkäse

Den Backofen auf 200 °C vorheizen. 6 große Strauchtomaten in eine Bratform legen. 1 große Zwiebel hacken, 1 Knoblauchknolle waagerecht halbieren. 2–3 Thymianzweige waschen und trocken schütteln. Zwiebeln, Knoblauch und Thymian mit 5 schwarzen Pfefferkörnern und 2 EL Olivenöl in die Form geben. Im Ofen 15 Minuten backen, dann die Thymianzweige herausnehmen. Die Knoblauchknollenhälften ebenfalls herausnehmen, aber über den anderen Zutaten ausdrücken. Alle Zutaten aus der Form in einen Küchenmixer geben. 200 g sonnengereifte getrocknete Tomaten und 600 ml Gemüsebrühe mit in den Mixer geben und das Ganze glatt pürieren. Die Suppe zum Erhitzen in einen Topf füllen. Währenddessen 100 g Ziegenkäse zerbröckeln. Die Suppe mit Käse und 1 TL Thymianblättern bestreuen und servieren.

10 Rote-Bete-Orangen-Salat mit Brunnenkresse

Für 4 Personen
1 Orange
4 gegarte Rote Bete
½ Salatgurke
75 g Brunnenkresse
25 g Rucolablätter
2 EL Walnüsse
100 g Feta
glutenfreies Salatdressing nach Belieben

- Die Orange schälen und filetieren. Die Rote Bete in Spalten schneiden. Die Salatgurke würfeln. In einer großen Schüssel Orangenfilets, Rote Bete, Salatgurke, Brunnenkresse, Rucolablätter und Walnüsse mischen.
- Den Feta darüberkrümeln und den Salat mit einem Dressing aus dem Glas nach Belieben beträufeln. Abschmecken und servieren.

---

20 Brunnenkresse-Kartoffel-Suppe In einem Topf bei mittlerer Temperatur 1 EL Olivenöl erhitzen. 1 Zwiebel hacken und darin 2–3 Minuten dünsten. 1 große Kartoffel schälen und würfeln, mit 150 g Brunnenkresse zugeben und 1–2 Minuten mitdünsten. Den Saft von 1 Orange und 1 l Gemüsebrühe in den Topf gießen. 10–12 Minuten köcheln, bis die Kartoffel gar ist. Die fein abgeriebene Schale von 1 unbehandelten Orange einrühren. Das Ganze mit einem Stabmixer zu einer glatten Suppe pürieren. Mit Salz und frisch gemahlenem Pfeffer würzen. Mit einem Schuss Sahne verrühren und servieren.

30 Rote-Bete-Salat mit Pekannüssen Den Backofen auf 200 °C vorheizen. 2 Rote Bete schälen und in Stücke schneiden. In eine Bratform legen, mit ½ EL Olivenöl beträufeln und mit ½ TL Kreuzkümmelsamen bestreuen. Im Ofen 15–20 Minuten backen, bis die Rote Bete weich ist. 2 Orangen schälen und filetieren, 1 große Karotte schälen und reiben. In einer Schüssel Orangenfilets, Karotte und 80 g Brunnenkresse vermengen. Den Salat auf 4 Tellern anrichten und die Rote Bete daraufgeben. 100 g Ziegenkäse zerbröckeln und den Salat damit belegen. Mit 25 g grob gehackten Pekannüssen bestreuen. 2 EL extra natives Olivenöl, 1 EL Zitronensaft, 1 TL flüssigen Honig, ½ TL Dijonsenf, ½ TL gehackte Rosmarinnadeln und etwas Pfeffer verrühren und das Dressing über den Salat geben.

30 Röstblumenkohlsalat mit Cashewnüssen

Für 4 Personen

1 großer Blumenkohl
1 Dose Kichererbsen (400 g)
1 TL Kreuzkümmelsamen
1 TL Koriandersamen
½ TL gemahlene Kurkuma
½ TL gemahlener Ingwer
½ TL Garam Masala
4 EL Olivenöl
100 g Cashewnüsse
150 g Naturjoghurt
4 EL Zitronensaft
½ TL Dijonsenf
150 g Babyspinatblätter
Salz und frisch gemahlener Pfeffer

- Den Backofen auf 220 °C vorheizen. Den Blumenkohl in Röschen teilen, die Kichererbsen abspülen und abtropfen lassen. Blumenkohl und Kichererbsen mit den Gewürzen, etwas Salz und Pfeffer sowie 2 EL vom Olivenöl in eine Bratform legen. Im Ofen 15 Minuten backen, dann die Cashewnüsse untermengen und weitere 10 Minuten backen.
- In der Zwischenzeit das restliche Öl mit Joghurt, Zitronensaft und Senf zu einem Dressing verrühren, abschmecken.
- Den Spinat auf einem großen Servierteller anrichten. Die geröstete Blumenkohlmischung darauf anrichten. Mit dem Joghurtdressing beträufeln und servieren.

---

10 Blumenkohl-Cashewnuss-Salat 1 großen Blumenkohl in kleine Röschen teilen und im Rührgefäß einer Küchenmaschine einmal kurz zerkleinern. ½ Knoblauchzehe zerdrücken. Mit 1 TL fein geriebener frischer Ingwerwurzel, 1 ½ EL Sesamöl, ½ EL glutenfreier Sojasauce und 1 EL Weißweinessig zu einem Dressing verrühren, abschmecken. 50 g Cashewnüsse grob hacken. 1 Bund Koriander waschen, trocken schütteln und die Blätter abzupfen. Cashewnüsse, Korianderblätter und ½ EL Sesam zum Blumenkohl geben. Das Dressing darübergeben, alles vermengen und den Salat auf 150 g Babyspinatblättern anrichten.

---

20 Blumenkohlsuppe mit Cashewnüssen 1 Zwiebel hacken, 1 Porreestange putzen und fein schneiden. 1 großen Blumenkohl in Röschen teilen, 1 Pastinake schälen und reiben. In einem großen Topf bei mittlerer Temperatur 1 EL Olivenöl erhitzen. Zwiebeln und Porree darin 2–3 Minuten dünsten, Blumenkohl, Pastinake und 1 Msp. Currypulver zugeben. 1,2 l Gemüsebrühe zugießen und das Ganze zum Kochen bringen. 10 Minuten köcheln lassen. 50 g Cashewnüsse im Küchenmixer zerkleinern, dazu 200 ml von der Suppe geben und alles zu einer glatten Creme verrühren. Zum Andicken in die Suppe geben und erneut zum Köcheln bringen. Mit Salz und frisch gemahlenem Pfeffer würzen und zum Servieren mit etwas Sahne beträufeln.

30 Paprika-Tomaten-Salat mit Kichererbsen

Für 4 Personen

3 große rote Paprika
6 Pflaumentomaten
4 EL Olivenöl
1 TL Kreuzkümmelsamen
1 EL Zitronensaft
½ TL Dijonsenf
½ TL flüssiger Honig
1 Dose Kichererbsen (400 g)
10–12 Basilikumblätter
100 g Babyspinatblätter
Salz und frisch gemahlener Pfeffer

- Den Backofen auf 220 °C vorheizen. Die Paprika entkernen und vierteln. Die Tomaten halbieren. Paprika und Tomaten in einer Bratform mit 1 EL vom Olivenöl und dem Kreuzkümmelsamen mischen. Mit Salz und Pfeffer bestreuen und im Ofen 20 Minuten backen.
- Das restliche Olivenöl mit Zitronensaft, Senf und Honig zu einem Dressing verrühren, abschmecken.
- Paprika und Tomaten aus dem Ofen nehmen und in eine Schüssel füllen. Die Kichererbsen abspülen, abtropfen lassen und unterrühren. Die Basilikumblätter waschen und grob zerkleinern. Mit den Spinatblättern ebenfalls unterrühren. Das Dressing darüberträufeln und den Salat sofort servieren.

---

10 **Kichererbsensuppe mit Paprika und Tomaten** 1 rote Paprika entkernen und würfeln, 1 rote Zwiebel würfeln. In einem großen Topf bei mittlerer Temperatur 1 EL Olivenöl erhitzen. Paprika und Zwiebeln darin 1–2 Minuten dünsten. 1 Dose Kichererbsen (400 g) abspülen und abtropfen lassen. 3 Tomaten würfeln und mit den Kichererbsen in den Topf geben. 900 ml Gemüsebrühe zugießen und alles gut würzen. 4–5 Minuten köcheln lassen. Mit einem Stabmixer glatt pürieren und mit Olivenöl beträufeln.

---

20 **Kichererbsensalat mit Feta, Paprika und Chili** Den Backofengrill auf höchster Stufe vorheizen. 3 rote Paprika halbieren, entkernen und auf ein Backblech legen. Unter dem Grill in 8–10 Minuten rösten, bis die Haut schwarz ist. In eine Schüssel legen, mit Frischhaltefolie abdecken und abkühlen lassen. 1 rote Chili halbieren und entkernen, 2 Knoblauchzehen hacken. 4 Frühlingszwiebeln klein schneiden. In einem Topf bei mittlerer Temperatur 1 EL Olivenöl erhitzen. Chili, Knoblauch und Frühlingszwiebeln darin 2–3 Minuten dünsten. Den Topf vom Herd nehmen. 1 Dose Kichererbsen (400 g) abspülen und abtropfen lassen. 100 g Kirschtomaten halbieren. Kichererbsen, Tomaten und 100 g Babyspinatblätter in den Topf geben. 2 EL extra natives Olivenöl, 2 EL Zitronensaft und 1 Prise Paprikapulver zu einem Dressing verrühren, abschmecken. Die Paprika häuten und in Segmente schneiden. Paprika unter den Kichererbsensalat rühren und alles mit dem Dressing vermengen. 125 g Feta zerbröckeln und über den Salat streuen.

30 Spargel-Kürbis-Salat mit Parmaschinken

Für 4 Personen

1 kg Butternut-Kürbisfleisch
2 rote Zwiebeln
1 EL Kürbiskerne
3 EL extra natives Olivenöl
175 g grüner Spargel
12 Scheiben Parmaschinken
1 EL Balsamico
2 Chicorée
Salz und frisch gemahlener Pfeffer

- Den Backofen auf 200 °C vorheizen.
- Das Kürbisfleisch in mundgerechte Stücke, die Zwiebeln in Spalten schneiden. In einer Bratform mit den Kürbiskernen mischen und 1 EL Olivenöl, Salz und Pfeffer daraufgeben.
- Im Ofen 20–25 Minuten backen, bis alles leicht gebräunt ist. Vom Spargel die holzigen Enden entfernen, zugeben und 5 Minuten mitbacken. Form aus dem Ofen nehmen und die Grillstufe zuschalten.
- Den Parmaschinken unter dem Grill in 4–5 Minuten knusprig rösten.
- Das restliche Olivenöl mit Balsamico zu einem Dressing verrühren und abschmecken.
- Vom Chicorée die Blätter abzupfen und auf 4 Tellern anrichten. Das geröstete Gemüse und den Schinken darauflegen. Mit dem Dressing beträufeln und servieren.

---

10 Spargel-Parma-Röllchen mit Kürbissuppe Den Backofen auf 200 °C vorheizen. 12 Stangen grünen Spargel in 12 Scheiben Parmaschinken wickeln und auf ein Backblech legen. Mit 1 EL Olivenöl beträufeln und im Ofen 3–4 Minuten backen. In der Zwischenzeit 1,2 l Kürbiscremesuppe (aus dem Vorrat, siehe die 20-Minuten-Version) erhitzen. Die Suppe mit den Röllchen servieren.

20 Kürbissuppe mit Parmaschinken Den Backofengrill auf höchster Stufe vorheizen. 1 kg Butternut-Kürbis schälen und würfeln, beiseitestellen. 2 Zwiebeln hacken, 1 Knoblauchzehe zerdrücken und 1 rote Chili entkernen und würfeln. In einem Topf bei mittlerer Temperatur 1 EL Olivenöl erhitzen. Zwiebeln, Knoblauch und Chili darin 1–2 Minuten dünsten. Den Kürbis zugeben und 2–3 Minuten mitdünsten. Mit 900 ml Gemüsebrühe ablöschen, alles aufkochen und 15 Minuten köcheln lassen, der Kürbis sollte weich sein. In der Zwischenzeit 6 Scheiben Parmaschinken unter dem Grill knusprig backen, anschließend in kleine Stücke brechen. Die Suppe mit einem Stabmixer glatt pürieren und abschmecken. Mit den Schinkenstücken und einem Tupfer Crème fraîche servieren. Die Suppe auf Vorrat einfrieren.

10 Lachs-Brunnenkresse-Salat

Für 4 Personen

3 EL extra natives Olivenöl
Saft von 1 Orange
½ TL Senf
½ TL Zucker
¼ Salatgurke
2 Orangen
1 Avocado
75 g Brunnenkresse
2 EL geröstete Walnüsse
200 g Räucherlachsstreifen
Salz und frisch gemahlener Pfeffer

- In einer kleinen Schüssel Olivenöl, Orangensaft, Senf und Zucker zu einem Dressing verrühren, abschmecken.
- Die Salatgurke würfeln. Die Orangen schälen und filetieren. Die Avocado schälen, entsteinen und in Scheiben schneiden. In einer großen Schüssel Salatgurke, Orangenfilets, Avocado, Brunnenkresse und Walnüsse mischen.
- Mit dem Dressing und den Räucherlachsstreifen vermengen. Nach Belieben zum Salat geröstete glutenfreie Pittabrote servieren.

---

20 Gegrillter Lachs mit Kartoffel-Brunnenkresse-Salat Den Backofengrill auf höchster Stufe vorheizen. 500 g neue Kartoffeln (größere halbieren) 15–16 Minuten in leicht gesalzenem Wasser garen. In der Zwischenzeit 2 Schalotten würfeln und 1 EL Kapern grob hacken. In einer großen Schüssel Schalotten und Kapern mit 3 EL Mayonnaise, 1 EL Sahnemeerrettich und 1 EL Schnittlauchröllchen zu einer Salatcreme verrühren und abschmecken. 4 Lachsfilets (je 150 g) mit dem Saft von ½ Zitrone beträufeln, würzen und von jeder Seite 4–5 Minuten grillen. In einer Pfanne 2 EL Kürbiskerne 1–2 Minuten trocken rösten. Die Kartoffeln abgießen und mit der Salatcreme vermengen. 30 g Brunnenkresse unterziehen. Lachs und Kartoffelsalat anrichten. Mit den gerösteten Kürbiskernen bestreuen und servieren.

---

30 Kartoffelsuppe mit Lachs und Brunnenkresse 1 Zwiebel hacken, 350 g Kartoffeln schälen und würfeln. In einem großen Topf bei mittlerer Temperatur 1 EL Olivenöl erhitzen und die Zwiebeln darin 3–4 Minuten dünsten, dann die Kartoffeln zugeben. 1,2 l Gemüsebrühe zugießen und das Ganze 18–20 Minuten köcheln lassen. 220 g Brunnenkresse 1–2 Minuten mitköcheln. Die Suppe mit einem Stabmixer glatt pürieren. 2 EL Crème fraîche einrühren und würzen. Erneut köcheln lassen. 200 g Lachsfilet in mundgerechte Stücke schneiden und 5–6 Minuten in der Suppe gar ziehen lassen.

20 Sesamthunfisch mit Koriandersalat

Für 4 Personen

4 Thunfischsteaks (je 150 g)
4 cm frische Ingwerwurzel, geschält und fein gerieben
4 EL Tamari-Sojasauce
2 TL flüssiger Honig
½ Salatgurke, in feine Stifte geschnitten
3 Karotten, geputzt und in feine Stifte geschnitten
6 Frühlingszwiebeln, klein geschnitten
1 Handvoll Korianderblätter
2 EL weißer Balsamico
2 EL Olivenöl
2–3 EL Sesamsamen
1 ½ EL Limettensaft
Salz und frisch gemahlener Pfeffer

- In einer Schüssel die Thunfischsteaks mit Ingwer, Sojasauce und Honig 15 Minuten marinieren. Einmal wenden.
- In der Zwischenzeit Salatgurke, Karotte und Frühlingszwiebeln mit den Korianderblättern mischen. Balsamico, Olivenöl, Salz und Pfeffer zu einem Dressing verrühren und den Salat damit anmachen.
- Die Thunfischsteaks aus der Marinade nehmen und in den Sesamsamen wälzen. Eine Grillpfanne erhitzen und die Steaks darin von jeder Seite 2–3 Minuten braten, innen sollten sie noch rosafarben sein. 2 Minuten ruhen lassen. In dünne Scheiben schneiden und diese mit Limettensaft beträufeln. Den Thunfisch auf dem Koriandersalat servieren.

---

10 Korianderthunfisch auf grünem Salat

20 g Korianderblätter, 3 Knoblauchzehen, ½ EL fein geriebene frische Ingwerwurzel und 1 EL Zitronensaft im Küchenmixer fein zerkleinern und mischen. Nach und nach 150 ml Olivenöl unterarbeiten, bis eine glatte, sämige Sauce entsteht. Die Sauce über 4 Thunfischsteaks (je 150 g) gießen. In einer Grillpfanne bei mittlerer Temperatur die Steaks von jeder Seite 2–4 Minuten braten oder länger, wenn der Fisch durchgebraten sein soll. Auf einem grünen Salat mit einem Dressing aus 1 EL Kräuteressig, 2 EL Olivenöl, Salz und Pfeffer anrichten.

20 Thunfisch mit Koriander-Tomaten-Salat

Den Backofen auf 200 °C vorheizen. In einer kleinen Schüssel 3 EL Olivenöl, 3 EL Balsamico und 1 EL zerdrückte Koriandersamen verrühren. 400 g kleine Strauchtomaten in eine Bratform legen. Die Öl-Essig-Mischung darübergießen. Im Ofen 15 Minuten backen. In der Zwischenzeit eine Grillpfanne auf höchster Stufe erhitzen. 4 Thunfischsteaks (je 150 g) würzen und von jeder Seite 2 Minuten darin braten – oder länger, wenn der Fisch durchgebraten sein soll. 160 g Rucolablätter auf Tellern anrichten. Die Tomaten darauflegen und den Bratensaft von den Tomaten darüberträufeln. Den Fisch darauflegen und mit 1 EL grob gehackten Korianderblättern bestreuen.

30 Carpaccio auf Bohnensalat

Für 4 Personen

250 g Rinderfilet
3 EL extra natives Olivenöl
1 EL gehackte Thymianblätter
1 TL Dijonsenf
½ EL Balsamico
½ TL flüssiger Honig
125 g grüne Bohnen
Cannellini-Bohnen (400 g), abgespült und abgetropft
Salz und frisch gemahlener Pfeffer
25 g Parmesan zum Garnieren

- Das Rinderfilet auf ein Arbeitsbrett legen und mit 1 EL vom Olivenöl, 1 TL Pfeffer und den Thymianblättern einreiben. In Frischhaltefolie wickeln und 20 Minuten tiefgefrieren.
- In der Zwischenzeit das restliche Öl mit Senf, Balsamico und Honig zu einem Dressing verrühren, abschmecken.
- Die grünen Bohnen putzen und 2–3 Minuten in kochendem Wasser blanchieren, unter fließend kaltem Wasser abschrecken. Die Cannellini-Bohnen mit den grünen Bohnen und dem Dressing vermischen und bei Zimmertemperatur durchziehen lassen.
- Das Rinderfilet auswickeln und in möglichst dünne Scheiben schneiden. Den Salat auf Tellern anrichten und mit Rinderfiletscheiben belegen. Den Parmesan darüberhobeln und servieren.

---

10 Roastbeef mit Bohnensalat In einer kleinen Schüssel 3 EL Olivenöl, 1 EL Balsamico, 1 TL Senf und 1 TL Honig verrühren, abschmecken. 150 g grüne Bohnen putzen und 2–3 Minuten in kochendem Wasser blanchieren, kalt abschrecken. 1 Dose Cannellini-Bohnen (400 g) abspülen, abtropfen lassen, mit den grünen Bohnen und dem Dressing vermengen. 200 g dünn geschnittenes Roastbeef auf Tellern anrichten und den Bohnensalat daraufgeben. Schwarzen Pfeffer darübermahlen und 25 g Parmesan darüberhobeln.

20 Rumpsteak-Bohnen-Salat mit Cashewnüssen 450 g Rumpsteak mit 1 EL Olivenöl bestreichen und 1 EL Pfeffer darüberstreuen. In einer Kasserolle 1 EL Olivenöl erhitzen. Das Fleisch darin von jeder Seite 1–2 Minuten braten, anschließend ruhen lassen. 40 g Feldsalat putzen, 2 gegarte Rote Bete hacken. 4 Frühlingszwiebeln klein schneiden. 1 Dose Limabohnen (400 g) abspülen und abtropfen lassen. 12 kleine Pflaumentomaten halbieren. In einer großen Schüssel Salat und Gemüse mit 2 EL gerösteten Cashewnüssen vermengen. 1 Knoblauchzehe zerdrücken und mit 3 EL extra nativem Olivenöl, 1 EL Balsamico, 1 TL braunem Zucker und ½ TL grobkörnigem Senf zu einem Dressing verrühren. 1 EL grob gehackte Erdnüsse unterarbeiten und abschmecken. Das Fleisch in Scheiben schneiden und auf den Salat legen. Zum Servieren das Dressing darüberträufeln.

20 Honig-Senf-Hähnchen-Salat

Für 4 Personen

3 EL extra natives Olivenöl
1 TL flüssiger Honig
1 TL Dijonsenf
1 TL Zitronensaft
3 Hähnchenbrüste ohne Haut
2 EL Kürbiskerne
1 große Avocado, geschält, entsteint und in Scheiben geschnitten
75 g Brunnenkresse
25 g Rucolablätter
200 g Erbsen aus der Dose
Salz und frisch gemahlener Pfeffer

- Den Backofengrill auf höchster Stufe vorheizen. In einer kleinen Schüssel Olivenöl, Honig, Senf und Zitronensaft zu einem Dressing verrühren, abschmecken.
- Die Hähnchenbrüste auf ein mit Alufolie bedecktes Backblech legen. Unter dem Grill von jeder Seite 5–6 Minuten backen, bis das Fleisch gar ist.
- In der Zwischenzeit in einer kleinen Pfanne die Kürbiskerne bei mittlerer Hitze trocken goldbraun rösten, dabei häufig umrühren.
- Die Avocado mit Brunnenkresse, Rucolablättern und Erbsen mischen und auf 4 Tellern anrichten. Das Hähnchenfleisch schräg in Scheiben schneiden und auf dem Salat verteilen. Mit dem Dressing beträufeln und mit Kürbiskernen bestreuen. Sofort servieren.

---

10 Hähnchen-Sandwich mit Avocado und Brunnenkresse 4 Scheiben glutenfreies Brot mit je 1 TL grobkörnigem Senf bestreichen. 25 g Brunnenkresse auf die Brotscheiben verteilen. Dann 2 gegarte Hähnchenbrüste mit 2 EL flüssigem Honig bestreichen, würzen und in Scheiben schneiden. Auf die Brotscheiben verteilen. 1 große Avocado schälen, entsteinen und in Scheiben schneiden. Auf das Hähnchen legen, mit 1 Spritzer Zitronensaft beträufeln und würzen. Zum Schluss jeweils 1 weitere Scheibe glutenfreies Brot darauflegen.

---

30 Hähnchenkebabs mit Honig-Senf-Dressing Den Backofengrill auf höchster Stufe vorheizen. In einer großen Schüssel 2 zerdrückte Knoblauchzehen mit 4 EL flüssigem Honig, je 3 EL Sonnenblumenöl und Tamari-Sojasauce zu einer Marinade verrühren, abschmecken. 4 Hähnchenbrustfilets ohne Haut in mundgerechte Stücke schneiden. 2 rote Paprika entkernen und ebenfalls in Stücke schneiden. Fleisch und Paprika 10 Minuten marinieren lassen. Abwechselnd auf 8 zuvor in Wasser eingelegte Spieße stecken und 12–15 Minuten grillen. In der Zwischenzeit 1 Avocado schälen, entsteinen und in Scheiben schneiden. Mit 75 g Brunnenkresse und 25 g Rucolablättern vermengen. 3 EL Olivenöl, 1 EL Weißweinessig, 1 TL flüssigen Honig und 1 TL Dijonsenf verrühren, abschmecken und über den Salat träufeln. Die Kebabs auf einem Bett aus Salat anrichten und servieren.

20 Pfeffersteak mit Zwiebelsalat

Für 4 Personen

2 große rote Zwiebeln
5 EL Olivenöl
1 TL Thymianblätter
1 ½ EL Balsamico
1 TL grobkörniger Senf
1 TL flüssiger Honig
4 Sirloinsteaks (je 150–175 g)
250 g gemischte Salatblätter
Salz und frisch gemahlener Pfeffer

- Den Backofen auf 220 °C vorheizen. Die Zwiebeln in Spalten schneiden und in eine Bratform legen. 1 EL vom Olivenöl und die Thymianblätter zugeben, die Zutaten gut vermengen. Im Ofen 15–18 Minuten backen.
- In der Zwischenzeit 3 EL vom Olivenöl mit 1 EL vom Balsamico, dem Senf und dem Honig zu einem Dressing verrühren. Abschmecken und beiseitestellen.
- Die Steaks von beiden Seiten reichlich mit Pfeffer bestreuen.
- In einer Grillpfanne das restliche Öl erhitzen. Die Steaks darin von jeder Seite 2–3 Minuten braten – oder länger, wenn das Fleisch durchgebraten sein soll. 2–3 Minuten ruhen lassen.
- Die Zwiebeln aus dem Ofen nehmen und den restlichen Balsamico darüberträufeln.
- Die Salatblätter mit dem Dressing mischen und die Balsamico-Zwiebeln untermengen. Mit den Steaks servieren.

---

10 **Steak-Zwiebel-Sandwich** 4 glutenfreie Baguettes längs durchschneiden und von jeder Seite toasten. In einer Grillpfanne 1 EL Olivenöl erhitzen und 4 Sirloinsteaks (je 150–175 g) von jeder Seite 2–3 Minuten braten. Die unteren Baguettehälften mit je 2 TL grobkörnigem Senf bestreichen und mit je 30 g Rucolablättern belegen. 1 große rote Zwiebel in feine Scheiben schneiden. Die Steaks ebenfalls in Scheiben schneiden und mit den Zwiebeln auf dem Salat verteilen. Würzen, die oberen Baguettehälften darauflegen und servieren.

30 **Steak mit Zwiebelkonfitüre und Kartoffel-Rucola-Püree** 3 große rote Zwiebeln in Scheiben schneiden. In einem Topf bei mittlerer Temperatur 1 EL Olivenöl erhitzen. Die Zwiebeln darin 1–2 Minuten dünsten. 2 EL Balsamico, 3 EL braunen Zucker und 1 TL Honig einrühren. Bei schwacher Hitze das Ganze abgedeckt, aber unter gelegentlichem Rühren 25 Minuten köcheln lassen. In der Zwischenzeit 900 g Kartoffeln schälen und in leicht gesalzenem Wasser garen. Eine Grillpfanne erhitzen, 1 TL Olivenöl hineingeben und 4 Steaks (je 150 g) würzen und von jeder Seite 2–3 Minuten braten. Ruhen lassen. Die Kartoffeln abgießen und mit 50 g Butter und 1 Handvoll Rucolablättern pürieren, mit Salz, frisch gemahlenem Pfeffer und 1 Prise gemahlener Muskatnuss abschmecken. Steaks mit Kartoffel-Rucola-Püree und Zwiebelkonfitüre servieren.

30 Quinoa-Feta-Salat mit Röstgemüse

Für 4 Personen

1 rote Paprika, entkernt und in mundgerechte Stücke geschnitten
1 gelbe Paprika, entkernt und in mundgerechte Stücke geschnitten
1 rote Zwiebel, in Spalten geschnitten
2 Zucchini, in Scheiben geschnitten
100 g Butternut-Kürbisfleisch, in große Stücke geschnitten
2 Knoblauchzehen
2 EL Olivenöl
200 g Quinoa
200 g Feta, zerbröckelt
1 Handvoll gehackte Petersilienblätter
Salz und frisch gemahlener Pfeffer

- Den Backofen auf 200 °C vorheizen. Paprika, Zwiebeln, Zucchini und Kürbisfleisch mit dem Knoblauch in eine Bratform legen und mit dem Olivenöl vermengen. Im Ofen 25–30 Minuten backen.
- In der Zwischenzeit Quinoa in kochendem Wasser nach Packungsanleitung garen. Abgießen, kalt abschrecken und abtropfen lassen.
- Das Gemüse aus dem Ofen nehmen. Den Knoblauch herausnehmen und über dem Gemüse auspressen. Das Ganze mit Salz und Pfeffer würzen.
- Feta, Quinoa und Petersilienblätter unter das Gemüse rühren und servieren.

---

10 **Quinoa-Salat mit Feta und Gemüse** 50 g Quinoa in kochendem Wasser nach Packungsanleitung garen. In der Zwischenzeit 2 große Tomaten und ½ Salatgurke würfeln. Je 1 Bund Petersilie und Minze waschen, trocken schütteln und die Blätter abzupfen. 1 rote Zwiebel würfeln und 50 g Zuckererbsen in kleine Stücke schneiden. 1 rote Paprika entkernen und würfeln. Die Gemüse in einer großen Schüssel mischen. Mit einer Vinaigrette aus 1 EL Apfelessig, 2 EL Olivenöl, 1 Spritzer Zitronensaft, Salz und frisch gemahlenem Pfeffer mischen. Quinoa abgießen und kalt abschrecken. Quinoa und 100 g zerbröckelten Feta unter den Salat mischen.

---

20 **Quinoa-Gemüse-Suppe mit Feta** 75 g Quinoa in kochendem Wasser nach Packungsanleitung garen. Abgießen, kalt abschrecken und abtropfen lassen. In der Zwischenzeit 1 Zwiebel würfeln, 2 Knoblauchzehen zerdrücken. 2 Karotten schälen und würfeln, 2 Selleriestangen putzen und klein schneiden. 1 Zucchini würfeln. 1 rote Paprika entkernen und würfeln. In einem Topf bei mittlerer Temperatur 2 EL Olivenöl erhitzen. Zwiebeln, Knoblauch und Gemüse 3–4 Minuten darin dünsten. 100 g grüne Erbsen aus der Dose einrühren und 2 Minuten mitdünsten. Alles mit 1,2 l Gemüsebrühe ablöschen und 15 Minuten köcheln lassen. Gegen Ende der Kochzeit die Quinoa zugeben und würzen. In warmen Schalen anrichten. 100 g Feta zerbröckeln und darüberstreuen.

QuickGluten-free

Für die ganze Familie

Rezepte nach Zubereitungszeit

30

20

10

10 Fischstäbchen

Für 4 Personen

5 große Eier
3 EL glutenfreies Mehl
30 g glutenfreie Semmelbrösel
25 g Polenta
500 g Kabeljaufilet
3 EL Sonnenblumenöl
200 g Erbsen aus der Dose
2 EL Butter zzgl. etwas für die Erbsen
Salz und frisch gemahlener Pfeffer

- In einem tiefen Teller 1 Ei verquirlen. Das Mehl in einen weiteren tiefen Teller geben. In einem dritten Teller Semmelbrösel und Polenta mischen.
- Den Kabeljau in 8 dicke Stücke schneiden und diese würzen. Die Fischstücke erst durch das Mehl ziehen, dann durch das verquirlte Ei, zum Schluss in der Semmelbrösel-Polenta-Mischung wälzen. Die Panade gut andrücken.
- In einer Pfanne bei mittlerer Temperatur das Sonnenblumenöl erhitzen und die Fischstäbchen darin 5–6 Minuten unter vorsichtigem Wenden braten, bis sie goldbraun sind.
- In der Zwischenzeit die Erbsen in kochendem Wasser in 2–3 Minuten erhitzen und etwa 1 EL Butter unterrühren, abschmecken.
- In einer zweiten Pfanne die Butter zerlassen und die restlichen 4 Eier braten.
- Die Erbsen abgießen und mit den Fischstäbchen und Spiegeleiern servieren.

---

20 Fisch in Kräuterkruste Den Backofengrill auf höchster Stufe vorheizen. Je 25 g glutenfreie Semmelbrösel, Polenta, geriebenen Parmesan sowie gehackte Petersilienblätter mischen. 400 g grüne Spargelabschnitte mit 1 EL Olivenöl vermengen und in einer heißen Grillpfanne 5–6 Minuten braten, würzen. In einer weiteren Pfanne 1 EL Olivenöl erhitzen. 4 Kabeljaufilets (je 150 g) würzen und 2–3 Minuten braten, wenden, mit der Bröselmischung bestreuen und weitere 1–2 Minuten braten. Den Fisch 1–2 Minuten knusprig grillen.

---

30 Backfisch mit Kartoffel-Erbsen-Püree Den Backofen auf 200 °C vorheizen. 600 g Kartoffeln schälen und in mundgerechte Stücke schneiden. In leicht gesalzenem Wasser 12–15 Minuten garen, 2 Minuten vor Garende 150 g Erbsen aus der Dose hinzufügen. In der Zwischenzeit in einem Topf bei mittlerer Temperatur 1 EL Olivenöl erhitzen. 4 Kabeljaufilets (je 150 g) mit der Hautseite nach unten in 2–3 Minuten knusprig braten. Den Fisch in eine Bratform legen. 500 g halbierte kleine Tomaten, 50 g halbierte Oliven und 25 g Pinienkerne zum Fisch hinzufügen. Mit Salz und frisch gemahlenem Pfeffer bestreuen. Im Ofen 12–15 Minuten backen, der Fisch sollte dann gar sein. Kartoffeln und Erbsen abgießen, mit 50 g Butter und 1 EL gehackten Minzeblättern pürieren und abschmecken. Nur den Fisch aus der Form nehmen und warm halten. Die Form auf den Herd stellen und bei mittlerer Hitze 2 EL Pesto und 2–3 EL Olivenöl 1–2 Minuten einrühren. Den Fisch auf einem Bett aus Kartoffel-Erbsen-Püree anrichten. Die Pesto-Tomaten-Sauce darübergießen und das Ganze mit Basilikumblättern bestreuen.

20 Schweinekotelett mit Apfel-Sellerie-Salat

Für 4 Personen

4 Schweinekoteletts (je 175 g)
1 EL Olivenöl
1 TL Fenchelsamen
2–3 Salbeiblätter, gehackt
2 EL extra natives Olivenöl
2 EL Rotweinessig
4 unbehandelte Äpfel
3 Selleriestangen, geputzt und in dicke Scheiben geschnitten
12 grüne Trauben, halbiert
Salz und frisch gemahlener Pfeffer

- Den Backofen auf 200 °C vorheizen.
- Die Schweinekoteletts mit dem Olivenöl bestreichen und mit Fenchelsamen und Pfeffer bestreuen.
- Die Koteletts auf einen Rost legen (Fettpfanne darunterstellen) und im Ofen 20 Minuten backen.
- Die Salbeiblätter mit extra nativem Olivenöl und Rotweinessig zu einem Dressing verrühren, abschmecken.
- Die Äpfel mit einem Ausstecher vom Kerngehäuse befreien und in dünne Scheiben schneiden. Äpfel, Sellerie und Trauben mit dem Dressing vermengen und zu den Koteletts servieren.

---

10 Schweinekotelett mit gedünsteten Äpfeln 4 Äpfel schälen, entkernen und in Scheiben schneiden. In einer Pfanne bei mittlerer Temperatur 25 g Butter zerlassen. Die Äpfel 6–8 Minuten darin dünsten. 4 TL glutenfreien Tomatenketchup, 2 EL braunen Rohrzucker, 1 EL Weißweinessig und 1 TL Paprikapulver zu einer Sauce mischen. In einer zweiten Pfanne bei mittlerer Temperatur 1 EL Olivenöl erhitzen und 4 Schweinekoteletts (je 150 g) würzen und 3–4 Minuten von jeder Seite darin braten. Die Sauce zugießen und die Koteletts 1–2 Minuten darin weitergaren. Zu den Koteletts die gedünsteten Äpfel reichen.

30 Rosmarin-Schweinekotelett mit Röstkartoffeln Den Backofen auf 200 °C vorheizen. 600 g Kartoffeln schälen und in mundgerechte Stücke schneiden. In leicht gesalzenem Wasser in 12–15 Minuten weich garen. Abgießen und wieder in den Topf geben. In der Zwischenzeit 2 EL Olivenöl und 25 g Butter in einer Bratform im Backofen 5–6 Minuten erhitzen.
4 Schweinekoteletts (je 175 g) mit Salz und frisch gemahlenem Pfeffer würzen und das Fleisch mit einem scharfen Messer mehrmals einschneiden. 2–3 Rosmarinzweige waschen und trocken schütteln. 3 Äpfel schälen, entkernen und würfeln. Eine Pfanne erhitzen und die Koteletts darin 2–3 Minuten von jeder Seite scharf anbraten, dann in die Bratform legen. Kartoffeln, Rosmarin und Äpfel dazulegen, Pfeffer darübermahlen. Das Ganze 10–12 Minuten im Backofen garen. Das Fleisch sollte dann gar sein und die Kartoffeln eine goldbraune Farbe haben.

30 Hähnchen-Cashewnuss-Curry

Für 4 Personen

2 TL Kreuzkümmelsamen
1 EL Koriandersamen
½ TL Fenchelsamen
2 Curryblätter
2 EL Sonnenblumenöl
4 Hähnchenbrüste, in mundgerechte Stücke geschnitten
1 Zwiebel, gehackt
2 Knoblauchzehen, zerdrückt
1 rote Chili, entkernt und gewürfelt
1 TL fein geriebene frische Ingwerwurzel
500 ml Hühnerbrühe
75 g Kokosnusscreme
450 g Babyspinatblätter
60 g geröstete Cashewnüsse
2 EL gehackte Korianderblätter
Salz und frisch gemahlener Pfeffer

- Eine kleine Pfanne bei mittlerer Temperatur erhitzen. Gewürze und Curryblätter darin trocken rösten, bis sie zu duften beginnen. Anschließend in einem Mörser zerkleinern, beiseitestellen.
- In einem Topf bei mittlerer Temperatur das Sonnenblumenöl erhitzen. Das Hähnchenfleisch darin 3–4 Minuten anbraten. Zwiebeln, Knoblauch, Chili, Ingwer und die Gewürzmischung einrühren und 3–4 Minuten mitdünsten.
- Hühnerbrühe und Kokosnusscreme zugeben und alles aufkochen. 10–15 Minuten köcheln, dann Spinatblätter und Cashewnüsse zugeben. Nach Belieben mit Salz und Pfeffer würzen.
- Mit gehackten Korianderblättern bestreuen und servieren. Dazu Basmatireis reichen.

---

10 Hähnchen-Cashewnuss-Salat In einer Pfanne 1 TL Kreuzkümmelsamen, ½ TL Fenchelsamen und 60 g Cashewnüsse 3 Minuten trocken rösten. 1 Romanasalat zerzupfen und 1 kleine rote Zwiebel in Scheiben schneiden. Mit 25 g Rucolablättern, 1 Handvoll Korianderblättern und dem Pfanneninhalt mischen. 3 gegarte Hähnchenbrüste in Scheiben schneiden und mit dem Salat vermengen. 3 EL Olivenöl, je 1 EL Senf und Balsamico sowie ½ TL Honig zu einem Dressing verrühren, abschmecken und über den Salat geben.

---

20 Hähnchen mit Cashewnüssen In einer kleinen Schüssel 2 EL Maisstärke, 150 ml Hühnerbrühe, 3 EL Tamari-Sojasauce, ½ TL gemahlenen Ingwer und ½ TL glutenfreie Chilisauce verrühren. 500 g Hähnchenbrustfilet in Streifen schneiden. In einem Wok bei hoher Temperatur 1 EL Pflanzenöl erhitzen und das Fleisch darin 5 Minuten unter Rühren braten. Aus dem Wok nehmen und beiseitestellen. 1 Zwiebel hacken, 1 grüne Paprika entkernen und würfeln, ebenfalls beiseitestellen. 200 g küchenfertige gegarte Maronen und 100 g Cashewnüsse in den Wok geben und unter Rühren 5–6 Minuten darin braten, gegen Ende der Bratzeit Zwiebeln und Paprika zugeben. Die Maisstärkemischung einrühren und alles aufkochen lassen, dabei die ganze Zeit rühren. Die Hähnchenstreifen wieder zugeben und rühren, bis die Sauce eingedickt und das Fleisch heiß genug ist. Mit gehackten Frühlingszwiebeln bestreuen und dazu Basmatireis servieren.

30 Porree-Käse-Makkaroni

Für 4 Personen

400 g glutenfreie Makkaroni
300 g Porree, geputzt und in dünne Scheiben geschnitten
40 g Butter
25 g glutenfreies Mehl
250 ml Milch
35 g geriebener Cheddar
75 g Sahne
75 g kleine Tomaten, halbiert
75 g geriebener Gruyère
Salz und frisch gemahlener Pfeffer

- Den Backofengrill auf höchster Stufe vorheizen.
- Die Makkaroni nach Packungsanleitung al dente garen. Den Porree 2 Minuten vor Garende mit in den Topf geben.
- In der Zwischenzeit in einem kleinen Topf bei mittlerer Temperatur die Butter zerlassen. Zunächst das Mehl, dann nach und nach die Milch einrühren. Unter ständigem Rühren kochen, bis die Sauce sämig ist. Den Topf vom Herd nehmen, Cheddar und Sahne unter die Sauce rühren. Mit Salz und Pfeffer würzen.
- Nudeln und Porree abgießen und wieder in den Topf geben. Die Sauce hinzufügen, alles gut vermengen und in eine ofenfeste Form füllen.
- Die Tomaten und den Gruyère auf den Nudeln verteilen. Das Ganze unter dem Grill in 6–7 Minuten goldbraun backen.

10 Käse-Porree-Pizza Den Backofengrill auf höchster Stufe vorheizen. 4 glutenfreie Pittabrote von jeder Seite 2 Minuten rösten. 3 Porreestangen putzen und fein schneiden. In einer Pfanne 1 EL Olivenöl und 25 g Butter erhitzen und den Porree darin in 3–4 Minuten weich dünsten. Jede Pitta mit Porree belegen. 12 kleine Tomaten würfeln. Mit 150 g geriebenem Gruyère auf den Broten verteilen. Mit Salz und frisch gemahlenem Pfeffer würzen. Unter dem Grill in 1–2 Minuten goldbraun backen. Dazu einen knackigen grünen Salat servieren.

20 Fusilli mit Porree und Käse Den Backofengrill auf höchster Stufe vorheizen. In einem Topf 350 g glutenfreie Fusilli nach Packungsanleitung al dente garen. 3 Porreestangen putzen und in feine Scheiben schneiden. In einem weiteren großen Topf bei mittlerer Temperatur 1 EL Olivenöl und 25 g Butter erhitzen. 1 TL getrocknete Chiliflocken 1–2 Minuten darin dünsten. Den Porree zugeben und 6–7 Minuten dünsten. 12 kleine Tomaten halbieren und unter den Porree rühren, würzen. Fusilli abgießen und ebenfalls zum Porree in den Topf geben. Das Ganze in eine ofenfeste Form füllen. 100 g geriebenen Gruyère darüberstreuen und unter dem Grill in 3–4 Minuten goldbraun backen. Dazu einen knackigen grünen Salat reichen.

30 Lachseintopf mit Kartoffelpüree

Für 4 Personen

900 g Kartoffeln, geschält und in mundgerechte Würfel geschnitten
1 EL Olivenöl
1 Zwiebel, gehackt
2 Knoblauchzehen, zerdrückt
1 TL gemahlener Kreuzkümmel
½ TL Paprikapulver
1 rote Paprika, entkernt und gewürfelt
1 Dose gehackte Tomaten (400 g)
200 ml Fischbrühe
500 g Lachsfilet, in große Stücke geschnitten
125 g geschälte rohe Garnelen
50 g Butter
2 TL Sahnemeerrettich
Salz und frisch gemahlener Pfeffer
1 Handvoll gehackte Petersilienblätter

- Die Kartoffeln in leicht gesalzenem Wasser in 12–15 Minuten weich garen.
- In einem großen Topf bei mittlerer Temperatur das Olivenöl erhitzen. Zwiebeln, Knoblauch, Kreuzkümmel und Paprikapulver darin 3–4 Minuten dünsten.
- Rote Paprika, gehackte Tomaten und Brühe hinzufügen und alles zum Kochen bringen. 8–10 Minuten köcheln lassen.
- Den Lachs und die Garnelen zur Paprika-Tomaten-Mischung geben und 4–5 Minuten köcheln. Abschmecken.
- Die Kartoffeln abgießen und mit Butter, Meerrettich, Salz und Pfeffer pürieren.
- Den Lachseintopf mit Petersilienblättern bestreuen und auf dem Kartoffelpüree anrichten.

---

10 Lachs mit gegrillten Süßkartoffeln 600 g Süßkartoffeln schälen und in dicke Scheiben schneiden. 5 Minuten in leicht gesalzenem Wasser kochen, abgießen und mit 1–2 EL Olivenöl mischen. Die Scheiben in einer heißen Grillpfanne 4–5 Minuten braten, bis sie braun werden, würzen. In einer weiteren Pfanne 4 Lachsfilets (je 150 g) in 1 EL Olivenöl 2–3 Minuten von jeder Seite braten, würzen. Bratkartoffeln und Lachs mit einem grünen Salat servieren.

20 Fischfrikadellen Den Backofengrill auf höchster Stufe vorheizen. 4 Frühlingszwiebeln in dünne Scheiben schneiden. In einer Pfanne bei mittlerer Temperatur 1 EL Olivenöl erhitzen und die Frühlingszwiebeln darin 3–4 Minuten dünsten, dann in eine Schüssel füllen. 200 g Lachsfilet und 300 g Kabeljaufilet 3–4 Minuten von jeder Seite grillen. Die Filets in kleine Stücke teilen und mit den Frühlingszwiebeln, 500 g glutenfreiem Kartoffelpüreepulver und 2 EL gehacktem Dill mischen, würzen. Mit feuchten Händen aus dem Teig 8 Frikadellen formen und mit 1–2 EL glutenfreiem Mehl bestäuben. In einer Pfanne bei mittlerer Temperatur 2 EL Olivenöl erhitzen und die Frikadellen darin von jeder Seite in 3–4 Minuten knusprig braten. In der Zwischenzeit 300 g Babyspinatblätter in etwas Wasser dämpfen und 300 g glutenfreie Käsesauce (Fertigprodukt) erhitzen. Die Fischfrikadellen auf einem Bett aus Spinat anrichten und mit der Sauce beträufeln.

10 Pitta-Pizza mit Paprika

Für 4 Personen

4 glutenfreie Pittabrote
4 EL glutenfreier Tomatenketchup
4 rote geröstete Paprika aus dem Glas, abgetropft und in Segmente geschnitten
4 gelbe geröstete Paprika aus dem Glas, abgetropft und in Segmente geschnitten
4 Frühlingszwiebeln, klein geschnitten
150 g Mozzarella, in Scheiben geschnitten
1 Handvoll Rucolablätter
Salz und frisch gemahlener Pfeffer

- Den Backofengrill auf höchster Stufe vorheizen.
- Die Pittabrote in einer Grillpfanne von jeder Seite 2 Minuten rösten. Jeweils mit 1 EL Tomatenketchup bestreichen. Paprika und Frühlingszwiebeln darauf verteilen, würzen. Mit Mozzarella belegen.
- Unter dem Grill in 4–6 Minuten goldbraun backen. Mit Rucolablättern garnieren.

---

20 Paprika-Pasta 350 g glutenfreie Pasta nach Packungsanleitung al dente garen. Je 2 rote und gelbe Paprika aus dem Glas in Streifen schneiden. In einer Pfanne bei mittlerer Temperatur 2 EL Olivenöl erhitzen. 2 klein geschnittene Knoblauchzehen im Öl 1 Minute dünsten, dann die Paprika einrühren und alles mit Salz und frisch gemahlenem Pfeffer würzen. 1 Minute braten, dann in eine große Schüssel füllen. Die Pasta abgießen und mit 4–5 zerkleinerten Basilikumblättern und 1 Handvoll Rucolablättern unter die Paprikamischung heben. Mit geriebenem Parmesan bestreuen und sofort servieren.

30 Polenta-Pizza mit Paprika Den Backofen auf 200 °C vorheizen. In einem großen Topf 1 l Wasser zum Kochen bringen. 250 g Polenta einrühren. 1 TL getrockneten Oregano, Salz und frisch gemahlenen Pfeffer zugeben und die Polenta unter Rühren in 8–10 Minuten eindicken lassen. Die Polenta halbieren und auf 2 leicht geölten Backblechen zu 2 etwa 1 cm dicken Kreisen verstreichen. Im Ofen 12 Minuten backen. 1 Dose gehackte Tomaten (400 g) auf den Polentakreisen verstreichen. Mit 350 g in Streifen geschnittener gerösteter Paprika aus dem Glas und 10–12 zerzupften Basilikumblättern belegen und würzen. 250 g in Scheiben geschnittenen Mozzarella darauflegen. Weitere 12–15 Minuten im Ofen backen, bis der Käse goldbraun ist.

30 Entenbrust mit Pflaumensauce

Für 4 Personen

4 Entenbrüste
1 EL Olivenöl
2 Schalotten, gewürfelt
400 g reife Pflaumen, entsteint und klein geschnitten
75 g brauner Rohrzucker
2 Thymianzweige
2 Sternanis
100 ml Rotwein
450 ml Rinderbrühe
Salz und frisch gemahlener Pfeffer

- Den Backofen auf 180 °C vorheizen. Die Haut der Entenbrüste mit einem scharfen Messer einschneiden und das Fleisch mit Salz und Pfeffer würzen. Einen ofenfesten Topf bei mittlerer Temperatur erhitzen. Die Entenbrüste mit der Hautseite nach unten darin 6–7 Minuten braten.
- In einem kleinen Topf das Olivenöl erhitzen. Die Schalotten darin 3–4 Minuten dünsten. Pflaumen und Zucker hinzufügen und alles weitere 2–3 Minuten dünsten, bis sich der Zucker vollständig aufgelöst hat.
- Den Thymian waschen und trocken schütteln. Die Entenbrüste wenden, Thymian und Sternanis mit in den Topf geben. Den Topf in den Backofen stellen und das Fleisch darin 10–12 Minuten garen.
- In der Zwischenzeit Wein und Brühe zu den Pflaumen gießen und das Ganze unter gelegentlichem Rühren 12–15 Minuten köcheln lassen.
- Die Entenbrust aus dem Ofen nehmen und 5 Minuten ruhen lassen, dann in Scheiben schneiden. Gedämpftes Gemüse oder Salat auf 4 Tellern anrichten. Die Entenbrustscheiben darauf verteilen und die Sauce darüberträufeln.

---

10 **Pflaumen-Frisée-Salat mit Entenbrust** Die Kerne aus 1 Granatapfel lösen. 2 Pflaumen entsteinen und in dünne Scheiben schneiden. Mit 4 EL gerösteten Mandelblättern, Blättern von 1 kleinen Friséesalat und 2 EL Schnittlauchröllchen sowie glutenfreiem Dressing aus dem Glas mischen. Den Salat auf 4 Tellern anrichten. 2 in Scheiben geschnittene geräucherte Entenbrüste darauflegen.

20 **Ente mit Kartoffel-Bohnen-Püree** Den Backofen auf 190 °C vorheizen. 600 g Kartoffeln in 12–15 Minuten garen. 100 g grüne Bohnen putzen, halbieren und 3 Minuten vor Ende der Garzeit hinzufügen. In einer Pfanne 1 EL Olivenöl erhitzen. 2 gewürfelte Schalotten und 400 g entkernte, gewürfelte Pflaumen darin 3–4 Minuten dünsten. Mit 75 g braunem Rohrzucker, 100 ml Rotwein und 450 ml Rinderbrühe weitere 12–15 Minuten köcheln lassen. 4 Entenbrüste würzen und in einer ofenfesten Pfanne mit der Hautseite nach unten 5 Minuten braten. Kurz wenden, dann 3–4 Minuten im Ofen backen und in Scheiben schneiden. Kartoffeln und Bohnen abgießen, mit 25 g Butter und 2 EL Schnittlauchröllchen zerdrücken, würzen. Die Entenbrust auf dem Püree anrichten, dazu die Sauce reichen.

10 Tagliatelle in Dolcelatte-Walnuss-Sauce

Für 4 Personen

350 g glutenfreie Tagliatelle
200 g Dolcelatte, zerbröckelt
250 g Sahne
100 g Walnüsse, grob zerstoßen
2 EL zerzupfte Basilikumblätter
Salz und frisch gemahlener Pfeffer

- Die Tagliatelle in leicht gesalzenem Wasser nach Packungsanleitung al dente garen.
- In einer Pfanne bei schwacher Hitze Dolcelatte mit der Sahne erwärmen. Die Walnüsse in einer weiteren Pfanne kurz trocken rösten. Sobald der Käse geschmolzen ist, die Walnüsse einrühren.
- Die Tagliatelle abgießen und mit der Käse-Walnuss-Sauce mischen, würzen.
- In warmen Tellern anrichten und mit Basilikumblättern bestreuen.

---

20 Tortilla-Pizza mit Dolcelatte und Walnüssen Den Backofengrill auf höchster Stufe vorheizen. In einem Topf 300 g Babyspinatblätter mit 1 EL Olivenöl kurz andünsten, bis die Blätter etwas zusammengefallen sind. 2 glutenfreie Tortillas nach Packungsanleitung erwärmen. Tortillas auf Backbleche legen und mit 200 g gehackten Tomaten aus der Dose bestreichen, den Spinat darauf verteilen. 200 g zerbröckelten Dolcelatte und 100 g geröstete Walnüsse daraufstreuen. Würzen und unter dem Grill in 3–4 Minuten goldbraun backen.

30 Tomatenpizza mit Dolcelatte Den Backofen auf 220 °C vorheizen. 3 Knoblauchzehen klein schneiden und 1 Zwiebel hacken. In einem Topf bei mittlerer Temperatur 1 EL Olivenöl erhitzen. Knoblauch und Zwiebeln darin 3–4 Minuten dünsten. 1 Dose gehackte Tomaten (400 g) und 1 EL zerzupfte Basilikumblätter zugeben, würzen und alles weitere 3–4 Minuten dünsten. 2 glutenfreie Pizzaböden auf ein Backblech legen und mit der Tomatensauce bis zum Rand bestreichen. 40 g Brunnenkresse und 4 in Scheiben geschnittene Tomaten auf die Pizzen legen. ½ in dünne Scheiben geschnittene rote Zwiebel auf den Tomaten verteilen. 200 g Dolcelatte darüberkrümeln und 2 EL Pinienkerne daraufstreuen. Die Pizzen im Ofen in 20–22 Minuten goldbraun backen. Dazu einen knackigen grünen Salat reichen.

20 Makrelencurry

Für 4 Personen

1 grüne Chili, entkernt und gehackt
2,5 cm frische Ingwerwurzel, fein gerieben
1 TL gemahlener Koriander
½ TL gemahlene Kurkuma
4 Knoblauchzehen
1 TL Sonnenblumenöl
1 EL Kokosöl
1 TL Kreuzkümmelsamen
1 große Zwiebel, in Scheiben geschnitten
150 ml Kokosmilch
450 g Makrelenfilet, in 5 cm x 5 cm große Stücke geschnitten
1 Handvoll Korianderblätter
Salz und frisch gemahlener Pfeffer

- Chili und Ingwer mit gemahlenem Koriander, Kurkuma, Knoblauch und Sonnenblumenöl im Küchenmixer zu einer glatten Paste verarbeiten.
- In einem Wok oder einer Pfanne bei mittlerer Temperatur das Kokosöl erhitzen. Die Gewürzpaste und den Kreuzkümmelsamen 2–3 Minuten einrühren.
- Die Zwiebeln zugeben und 1–2 Minuten dünsten, dann die Kokosmilch und 250 ml Wasser in den Wok gießen. Alles zum Kochen bringen und 5 Minuten köcheln. Mit Salz und Pfeffer würzen.
- Das Makrelenfilet hinzufügen und 6–8 Minuten köcheln beziehungsweise so lange, bis der Fisch gar ist. Die Korianderblätter unterrühren.

10 Makrelen-Couscous-Salat mit Orangen

250 g Couscous mit kochendem Wasser übergießen und 8 Minuten quellen lassen. 2 Orangen schälen und filetieren. 4 geräucherte Makrelenfilets in kleine Stücke teilen. ½ Salatgurke würfeln. In einer kleinen Schüssel 3 EL Olivenöl, 4 EL Zitronensaft, je 1 TL Honig und Dijonsenf und ½ TL gemahlenen Kreuzkümmel zu einem Dressing verrühren. Den Couscous mit einer Gabel auflockern und Orangenfilets, Fisch, Salatgurke, 2 EL gehackte Petersilienblätter, 50 g Brunnenkresse und das Dressing unterrühren.

30 Rote Bete mit Makrele und Meerrettich

Den Backofen auf 200 °C vorheizen. 400 g Rote Bete in große Stücke schneiden und in eine Bratform legen. 2 EL Olivenöl, 2 TL Kreuzkümmelsamen, 2 EL getrocknete Thymianblätter und 2 TL flüssigen Honig hinzufügen und die Zutaten mischen. Im Ofen 25 Minuten backen. In der Zwischenzeit 2 EL Sahnemeerrettich, 4 EL Zitronensaft und 150 g Naturjoghurt verrühren, abschmecken. In einer Pfanne bei mittlerer Temperatur 4 geräucherte Makrelenfilets erwärmen und in große Stücke teilen. Jeweils 1 Handvoll Babyspinatblätter auf 4 Tellern anrichten. Makrele und Rote Bete daraufgeben. Mit dem Meerrettichdressing beträufeln und servieren.

30 Süßkartoffel-Lamm-Auflauf

Für 4 Personen
2 EL Olivenöl
500 g Lammhack
1 große Zwiebel, gehackt
2 Karotten, geputzt und gewürfelt
2 Knoblauchzehen, gehackt
1 TL gemahlener Kreuzkümmel
½ TL gemahlener Zimt
je 1 Msp. gemahlener Piment, Nelken, Muskat, Ingwer
250 ml Lammbrühe
4 EL Tomatenmark
1 TL brauner Rohrzucker
900 g Süßkartoffeln, geschält und in mundgerechte Würfel geschnitten
25 g Butter
1 EL gehackte Korianderblätter
Salz und frisch gemahlener Pfeffer

- Den Backofen auf 200 °C vorheizen. In einem Topf bei mittlerer Temperatur das Olivenöl erhitzen. Lammhack zugeben und in 3–4 Minuten darin kräftig anbraten. Herausnehmen.
- Zwiebeln, Karotten und Knoblauch in den Topf geben und 2–3 Minuten braten. Dann die Gewürze einrühren. Das Lammhack wieder in den Topf geben und unter Rühren mit den Gewürzen mischen. Die Brühe zugießen, Tomatenmark und Zucker einrühren und alles unter gelegentlichem Umrühren 12 Minuten köcheln.
- Die Süßkartoffeln in leicht gesalzenem Wasser 12–15 Minuten garen. Abgießen und mit Butter, Salz und Pfeffer grob zerdrücken.
- Die Korianderblätter zum Lamm geben, das Ganze in eine ofenfeste Form füllen und die zerdrückten Süßkartoffeln darauf verstreichen.
- Im Ofen 10–12 Minuten backen und sofort servieren.

---

10 **Lammkebabs** Den Backofengrill auf höchster Stufe vorheizen. 450 g Lammhack mit 2 EL Zitronensaft vermengen, beiseitestellen. 2 Chilis entkernen und hacken, 4 Knoblauchzehen zerdrücken. In einem Küchenmixer mit 1 EL Olivenöl, 50 g Korianderblättern, 1 TL gemahlenem Kreuzkümmel, je ½ TL gemahlenem Koriander, gemahlener Kurkuma sowie Garam Masala und 2 TL fein geriebener frischer Ingwerwurzel zu einer Paste verarbeiten. Die Paste mit dem Lammfleisch vermengen. Den Hackteig auf 8 Spieße drücken. Kebabs mit Olivenöl bestreichen, von jeder Seite 2–3 Minuten grillen.

20 **Lammkotelett mit Kichererbsen-Paprika-Salat** In einer großen Schüssel 4 EL Zitronensaft, 2 TL gemahlenen Kreuzkümmel und 1 TL Paprikapulver mischen. 8 Lammkoteletts mit der Gewürzmischung 5 Minuten marinieren. Eine Grillpfanne erhitzen und die Koteletts von jeder Seite 3–4 Minuten darin braten. 5 Minuten ruhen lassen. 1 Dose abgespülte, abgetropfte Kichererbsen (400 g) und 125 g in Scheiben geschnittene geröstete Paprika aus dem Glas in einer Schüssel mischen. In einer Pfanne bei mittlerer Temperatur 2 EL Olivenöl erhitzen. Je 1 in dünne Scheiben geschnittene rote Zwiebel und 2 Knoblauchzehen darin 2–3 Minuten dünsten. 2 EL Rotweinessig einrühren. Das Ganze zu den Kichererbsen geben und 2 EL gehackte Korianderblätter unterrühren, abschmecken. Den Salat auf 4 Tellern anrichten und jeweils 2 Lammkoteletts darauflegen.

30 Pilzrisotto

Für 4 Personen

50 g getrocknete Steinpilze
1 l heiße Gemüsebrühe
1 EL Olivenöl
50 g Butter
100 g braune Champignons, geputzt und in Scheiben geschnitten
1 Knoblauchzehe, zerdrückt
3 Schalotten, gehackt
300 g Arborioreis
75 ml Weißwein
120 g geriebener Parmesan

- In einer kleinen Schüssel die Steinpilze mit etwas von der Brühe übergießen. 10 Minuten ziehen lassen. Die restliche Brühe warm halten.
- In einem Topf Olivenöl und Butter erhitzen. Champignons, Knoblauch und Schalotten zugeben und bei mittlerer Hitze 2–3 Minuten darin dünsten.
- Den Reis einrühren, bis die Körner vom Fett überzogen sind. Den Wein zugießen und alles köcheln, bis die Reiskörner die Flüssigkeit vollständig aufgenommen haben.
- Die warme Brühe schöpflöffelweise in den Topf geben. Die Brühe jeweils so lange einrühren, bis sie vollständig absorbiert ist. Erst dann weitere Brühe zugeben. Zum Schluss sollte der Reis gar sein, aber noch leichten Biss haben.
- Die Steinpilze abgießen und grob hacken. Mit der Hälfte des Parmesans unter den Risotto rühren.
- Mit restlichem Parmesan bestreuen und servieren. Dieser Risotto lässt sich gut auf Vorrat zubereiten und schmeckt auch noch am Folgetag (siehe die 10-Minuten-Variante).

---

10 Portobello-Pilze mit Risotto Den Backofengrill auf höchster Stufe vorheizen. 500 g Pilzrisotto vom Vortag (siehe 30-Minuten-Variante) erwärmen. In der Zwischenzeit 4 große Portobello-Pilze putzen, auf ein Backblech setzen und mit 2 TL gehackten Thymianblättern bestreuen. 2 EL Olivenöl darüberträufeln und würzen. 8 Minuten grillen. Die Pilze mit Risotto füllen, mit 2 EL geriebenem Parmesan bestreuen und sofort servieren.

20 Reistopf mit Pilzen In einem Topf bei mittlerer Temperatur 1 EL Olivenöl erhitzen. 1 große gehackte Zwiebel, 250 g geputzte und in Scheiben geschnittene Pilze und 2 entkernte und in Streifen geschnittene Paprika sowie 2 EL gehackte Thymianblätter darin 3–4 Minuten dünsten. 200 g Basmatireis, 1 Dose gehackte Tomaten (400 g) und 400 ml Gemüsebrühe einrühren. Mit Salz und frisch gemahlenem Pfeffer abschmecken. Aufkochen und zugedeckt 17–18 Minuten köcheln, bis der Reis gar ist. Mit 2 EL gehackten Petersilienblättern bestreuen und servieren.

10 Spaghetti arrabiata mit Chili und Garnelen

Für 4 Personen
350 g glutenfreie Spaghetti
3 EL Olivenöl
½ rote Chili, gewürfelt
4 Knoblauchzehen, zerdrückt
2 große Dosen Tomaten (je 800 g)
2 EL Zitronensaft
½ TL Zucker
250 g küchenfertig gegarte und geschälte Riesengarnelen
1 Handvoll grob zerkleinerte Basilikumblätter
Salz und frisch gemahlener Pfeffer
Parmesan zum Garnieren

- Die Spaghetti in leicht gesalzenem Wasser nach Packungsanleitung al dente garen.
- In einer Pfanne bei mittlerer Temperatur das Olivenöl erhitzen. Chili und Knoblauch darin 1–2 Minuten dünsten.
- Tomaten, Zitronensaft und Zucker einrühren. Alles weitere 6–7 Minuten köcheln lassen. 1 Minute vor Garende die Garnelen hinzugeben und abschmecken.
- Die Spaghetti abgießen und mit der Sauce vermengen. Die Basilikumblätter unterrühren.
- Den Parmesan darüberhobeln und servieren.

---

20 Chiligarnelen aus dem Wok 150 g Reisnudeln garen. Abgießen und mit 1 TL Sesamöl mischen. In einem Wok 2 EL Öl erhitzen. 2 entkernte, gewürfelte rote Chilis, 3 zerdrückte Knoblauchzehen, 1 entkernte, gewürfelte rote Paprika, 4 klein geschnittene Frühlingszwiebeln, 12 halbierte Kirschtomaten sowie 2 TL fein geriebene frische Ingwerwurzel darin 1 Minute unter Rühren anbraten. 125 g Brokkoliröschen und 200 g küchenfertige rohe Riesengarnelen zugeben und darin 4–5 Minuten unter Rühren braten. Die Garnelen sollten dann eine rosa Farbe haben. 2 Pak-Choi-Köpfe klein schneiden. Kohl, Nudeln, 3 EL Tamari-Sojasauce in den Wok geben und alles 3–4 Minuten erhitzen.

30 Garnelenpizza mit Tomaten und Chili Den Backofen auf 220 °C vorheizen. In einer Schüssel 400 g glutenfreies Mehl, ½ TL Salz, 2 EL Olivenöl, 7 g Trockenhefe sowie etwas Salz und frisch gemahlenen Pfeffer gut vermengen. Nach und nach etwas Wasser unterarbeiten, bis ein glatter Teig entsteht. Den Teig auf eine Arbeitsfläche legen und kneten. Den Teig vierteln und jeweils zu einem sehr dünnen Kreis ausrollen (Durchmesser ca. 25 cm). Die Teigböden auf ein leicht geöltes Backblech legen. 2 Knoblauchzehen zerdrücken und ½ rote Chili würfeln. Mit 1 Dose gehackten Tomaten (400 g) vermengen. Die Pizzaböden mit der Mischung bestreichen, nach Belieben würzen. Mit 250 g gekochten geschälten Riesengarnelen belegen und mit Oregano bestreuen. 250 g Mozzarella in Scheiben schneiden und auflegen. Im Ofen 12–15 Minuten backen. In Stücke schneiden und heiß servieren.

30 Fischauflauf mit Süßkartoffeln

Für 4 Personen
350 ml Milch
150 g Lachsfilet, in mundgerechte Stücke geschnitten
400 g Kabeljaufilet, in mundgerechte Stücke geschnitten
75 g Babyspinatblätter
2 Eier
240 g geschälte rohe Garnelen
20 g Butter
1 EL glutenfreies Mehl
½ TL Senf
700 g Süßkartoffeln
50 g geriebener Cheddar
Salz und frisch gemahlener Pfeffer

- Den Backofen auf 200 °C vorheizen.
- Die Milch und die Fischfiletstücke in einem Topf bei mittlerer Hitze zum Köcheln bringen. Den Fisch darin in 5–6 Minuten gar ziehen lassen. Abgießen und die Milch aufbewahren.
- Die Spinatblätter in eine ofenfeste Form geben und den Fisch darauflegen.
- Die Eier in 4–5 Minuten weich kochen, pellen, vierteln und auf den Fisch legen. Die Garnelen darauf verteilen.
- In einem kleinen Topf bei mittlerer Hitze die Butter zerlassen. Das Mehl einrühren. Unter Rühren Senf zufügen, dann nach und nach die Fischmilch zugeben. Die ganze Zeit rühren, bis eine sämige, glatte Sauce entsteht, abschmecken. Die Sauce über den Fisch gießen.
- Die Süßkartoffeln schälen und in leicht gesalzenem Wasser in etwa 12–15 Minuten weich garen, abgießen und mit reichlich Pfeffer zerdrücken. Das Kartoffelpüree auf dem Fisch verstreichen und mit einer Gabel durch das Püree ziehen, damit ein schönes Muster entsteht. Mit Cheddar bestreuen und im Ofen 15–20 Minuten backen.

---

10 Kartoffelpüree mit Fisch und Ei Den Backofengrill auf höchster Stufe vorheizen. 4 Kabeljaufilets (je 150 g) würzen und von jeder Seite 3–4 Minuten grillen. In der Zwischenzeit 4 Eier pochieren und 500 g glutenfreies Kartoffelpüree (Fertigprodukt) zubereiten. 2 EL Schnittlauchröllchen unter das Püree rühren und auf 4 Tellern anrichten. Jeweils 1 Fischfilet und 1 pochiertes Ei darauflegen. Mit je 2 EL glutenfreier warmer Käsesauce (Fertigprodukt) beträufeln.

20 Fischauflauf mit Erbsen und Kartoffelpüree Den Backofengrill auf höchster Stufe vorheizen. 350 g Lachsfilet und 250 g Kabeljaufilet von jeder Seite 4–5 Minuten grillen, in Stücke schneiden und in eine Auflaufform legen. Die Grillstufe zurückschalten und eine Backofentemperatur von 200 °C halten. In der Zwischenzeit 3 Eier 8–9 Minuten kochen, kalt abschrecken, pellen und zum Fisch in die Form legen. 100 g Erbsen aus der Dose daraufstreuen. In einer kleinen Schüssel 2 EL Senf, 2 EL Schnittlauchröllchen und 300 g Naturjoghurt verrühren, abschmecken und auf dem Fisch verteilen. Mit 750 g glutenfreiem Kartoffelpüree (Fertigprodukt) bestreichen und mit 75 g geriebenem Cheddar bestreuen. Im Ofen 10 Minuten backen.

30 Käse-Spinat-Rolle mit Walnüssen

Für 4 Personen
4 große Eier
50 g Walnüsse
30 g Butter
30 g glutenfreies Mehl
200 ml Milch
1 Prise Cayennepfeffer
2 TL Dijonsenf
100 g geriebener Cheddar
200 g Frischkäse
3 Frühlingszwiebeln
100 g Babyspinatblätter
Salz und frisch geriebener Pfeffer

- Den Backofen auf 200 °C vorheizen. Die Eier trennen und die Walnüsse hacken, beiseitestellen.
- In einem kleinen Topf bei mittlerer Hitze die Butter zerlassen. 1 Backblech (33 cm x 23 cm) mit etwas von der Butter fetten. Danach mit Backpapier auslegen.
- Das Mehl in die restliche Butter rühren. Nach und nach bei mittlerer Hitze die Milch einrühren. So lange rühren, bis die Sauce kocht und eine sämige, glatte Konsistenz hat. Den Topf vom Herd nehmen. Cayennepfeffer, Salz und Pfeffer einrühren. Die Eigelbe, Senf, Cheddar und 40 g von den Walnüssen unterrühren.
- Das Eiweiß steif schlagen und unter die Mischung heben. Den Biskuitteig auf dem vorbereiteten Blech verstreichen. Im Ofen 10–12 Minuten backen.
- Die restlichen Walnüsse auf ein Stück Backpapier (etwas größer als das Backblech) streuen. Biskuit auf das Papier stürzen, das Backpapier abziehen. Mit Hilfe des unten liegenden Papiers den Biskuit vorsichtig aufrollen. Abdecken und abkühlen lassen.
- Die Rolle wieder auseinanderrollen, mit Frischkäse bestreichen. Die Frühlingszwiebeln fein schneiden. Spinat und Frühlingszwiebeln darauf verteilen, dann wieder aufrollen. Warm oder kalt servieren.

---

10 **Spinat-Walnuss-Salat mit Ziegenkäse** 30 g Walnüsse hacken und in einer Pfanne 2–3 Minuten trocken rösten. 3 EL Olivenöl, 2 EL Zitronensaft und je ½ TL Honig und Senf verrühren, abschmecken. 4 klein geschnittene Frühlingszwiebeln, ½ gewürfelte Salatgurke und 4 in Scheiben geschnittene Tomaten mit 100 g Babyspinatblättern und den Nüssen vermengen. 150 g Ziegenkäse darüberkrümeln, mit dem Dressing beträufeln.

20 **Nudeln mit Spinat-Walnuss-Pesto**
In einer Pfanne 50 g Walnüsse 2–3 Minuten trocken rösten, dann in das Rührgefäß einer Küchenmaschine geben. 1 Knoblauchzehe, 25 g geriebenen Parmesan, 40 g Babyspinatblätter und 2 EL Zitronensaft hinzufügen. Das Ganze zerkleinern und mischen. 50–75 ml extra natives Olivenöl unterarbeiten, bis das Pesto die gewünschte Konsistenz hat, abschmecken. 350 g glutenfreie Nudeln nach Packungsanleitung al dente kochen, abgießen und mit dem Pesto vermengen. Parmesan darüberhobeln und servieren.

20 Krebs-Muschel-Tagliatelle

Für 4 Personen

2 EL Olivenöl
1 Zwiebel, gehackt
2 Knoblauchzehen, zerdrückt
1 rote Chili, entkernt und gewürfelt
1 Dose gehackte Tomaten (400 g)
150 ml Weißwein
375 g glutenfreie Tagliatelle
400 g gesäuberte Muscheln
250 g Krebsfleisch
4 EL Zitronensaft
1 Handvoll gehackte Petersilienblätter
Salz und frisch gemahlener Pfeffer

- In einer Pfanne bei mittlerer Temperatur das Olivenöl erhitzen. Zwiebeln und Knoblauch darin 3–4 Minuten dünsten. Chili, gehackte Tomaten und Weißwein zugeben, mit Salz und Pfeffer würzen und alles 8–9 Minuten dünsten.
- Die Tagliatelle in leicht gesalzenem Wasser nach Packungsanleitung al dente garen.
- In der Zwischenzeit die Muscheln in die Tomatensauce geben und zugedeckt 4 Minuten köcheln, bis sich alle Schalen geöffnet haben. Muscheln, die sich nicht geöffnet haben, wegwerfen.
- Tagliatelle abgießen und Krebsfleisch, Zitronensaft und Petersilienblätter unterrühren, würzen. Mit den Muscheln in Tomatensauce mischen und sofort servieren.

---

10 Quinoa-Salat mit Krebsfleisch und Muscheln 125 g Quinoa mit 500 ml Wasser in einem Topf bei mittlerer Hitze 8–9 Minuten köcheln lassen, bis die Flüssigkeit vollständig absorbiert ist oder das Quinoa gar ist. Restliches Wasser abgießen und Quinoa in eine Schüssel geben. 200 g gegartes Krebsfleisch und 200 g geräuchertes Muschelfleisch unterheben. 4 Tomaten und ½ Salatgurke würfeln. Mit 1 EL gehackten Petersilienblättern, ½ EL gehackten Basilikumblättern, 4 EL Zitronensaft und 1 EL extra nativem Olivenöl zugeben. Die Zutaten gut vermengen, mit Salz und frisch gemahlenem Pfeffer würzen und auf einem Bett aus Salatblättern servieren.

---

30 Penne mit Muscheln und Krebsfleisch
Den Backofengrill auf höchster Stufe vorheizen. 300 g glutenfreie Penne in leicht gesalzenem Wasser nach Packungsanleitung garen. In der Zwischenzeit 1 Porreestange putzen und in dünne Scheiben schneiden. 1 Karotte schälen und würfeln. 1 Selleriestange putzen und würfeln, 2 Knoblauchzehen zerdrücken. In einem Topf bei mittlerer Temperatur 1 EL Olivenöl erhitzen. Die Gemüse und den Knoblauch darin 4–5 Minuten dünsten. 2 Dosen gehackte Tomaten (800 g) und 2 EL zerkleinerte Basilikumblätter einrühren und weitere 8–10 Minuten köcheln. Mit Salz und frisch gemahlenem Pfeffer würzen. Die abgegossenen Nudeln, 200 g weißes und dunkles Krebsfleisch und 100 g Muschelfleisch hinzufügen. Das Ganze in eine ofenfeste Form füllen und mit 100 g geriebenem Emmentaler bestreuen. 8–10 Minuten grillen und sofort servieren.

30 Hähnchenbrust mit Porreesauce

Für 4 Personen

4 Hähnchenbrüste ohne Haut
2 Knoblauchzehen
150 g Frischkäse
½ EL gehackte Petersilienblätter
½ EL Schnittlauchröllchen
10 Scheiben Parmaschinken
2 Porreestangen
300 g Schmand
Salz und frisch gemahlener Pfeffer
Pflanzenöl zum Fetten

- Den Backofen auf 200 °C vorheizen.
- Mit einem scharfen Messer jede Hähnchenbrust so einschneiden, dass eine Tasche entsteht.
- Die Knoblauchzehen zerdrücken. Knoblauch, Frischkäse, Kräuter sowie etwas Salz und Pfeffer vermengen.
- 2 Scheiben Parmaschinken auf ein Arbeitsbrett legen und eine Hähnchenbrust darauflegen. Ein Viertel von der Frischkäsemischung in die Tasche geben, dann den Schinken um die Brust wickeln, um die Tasche zu schließen. Die restlichen 3 Hähnchenbrüste ebenso vorbereiten. Die 4 gefüllten Hähnchenbrüste in eine Bratform legen und im Ofen 25 Minuten backen.
- In der Zwischenzeit die restlichen beiden Scheiben Schinken würfeln und in einer leicht geölten Pfanne bei mittlerer Hitze 1–2 Minuten braten. Den Porree putzen, in feine Scheiben schneiden und zugeben. 2–3 Minuten unter Rühren mitbraten. Den Schmand unterrühren und mit Salz und Pfeffer abschmecken.
- Zum Hähnchen die Schinken-Porree-Sauce und einen knackigen grünen Salat reichen.

---

10 Pitta mit Kräuterhähnchen 150 g Frischkäse mit 2 EL gehackten Kräutern verrühren. In einer Grillpfanne 4 glutenfreie Pittabrote von jeder Seite 2–3 Minuten rösten. An der langen Seite einschneiden, um Taschen zu bilden. Die Brote im Innern mit dem Frischkäse bestreichen. 3 gegarte Hähnchenbrüste in Scheiben schneiden und die Brote damit füllen. 30 g Salatblätter und 1 EL glutenfreie Mangosauce aus dem Glas zugeben.

20 Zitronenhähnchen mit Kräuter-Quinoa
Den Backofengrill auf höchster Stufe vorheizen. 150 g Quinoa in kochendem Wasser nach Packungsanleitung kochen. In der Zwischenzeit auf 4 Hähnchenbrüste 4 EL Zitronensaft träufeln, mit Salz und frisch gemahlenem Pfeffer bestreuen und von jeder Seite 5–7 Minuten grillen. Quinoa abgießen. 2 Tomaten würfeln. Die Tomaten, 2 EL gehackte Petersilienblätter, 1 EL Schnittlauchröllchen und ½ EL gehackte Minzeblätter unter das Quinoa rühren, würzen. Das Hähnchen auf einem Bett aus Kräuter-Quinoa servieren.

20 Lamm mit Minzkruste und Kartoffel-Erbsen-Püree

Für 4 Personen

750 g neue Kartoffeln
150 g Erbsen aus der Dose
3 EL Olivenöl
2 Lammkarrees
100 g glutenfreie Semmelbrösel
2 EL fein gehackte Minzeblätter
2 EL Dijonsenf
25 g Butter
1 EL Crème fraîche
Salz und frisch gemahlener Pfeffer

- Den Backofen auf 200 °C vorheizen. Die Kartoffeln in leicht gesalzenem Wasser in 12–15 Minuten gar köcheln. In der Zwischenzeit die Erbsen in kochendem Wasser 3 Minuten erhitzen.
- In einer Pfanne bei mittlerer Temperatur 1 EL vom Olivenöl erhitzen. Die Lammkarrees in der Pfanne von allen Seiten in 2–3 Minuten scharf anbraten. Herausnehmen und auf ein Backblech setzen.
- Semmelbrösel und Minze mischen und mit Salz und Pfeffer würzen.
- Die Fettseite der Lammkarrees erst mit Senf, dann mit der Semmelbröselmischung bestreichen. Mit dem restlichen Öl beträufeln und im Ofen in 12–15 Minuten goldbraun backen – oder länger, wenn das Fleisch durchgebraten sein soll.
- Kartoffeln und Erbsen abgießen, zusammen mit Butter und Crème fraîche pürieren, abschmecken.
- Das Lamm aus dem Ofen nehmen und jedes Karree halbieren.
- Das Kartoffel-Erbsen-Püree auf 4 warmen Tellern anrichten und mit jeweils ½ Lammkarree belegen. Dazu Johannisbeergelee reichen.

10 Lammkotelett mit Erbsen-Minze-Salat

Den Backofengrill auf höchster Stufe vorheizen. 8 Lammkoteletts würzen und von jeder Seite 3–4 Minuten grillen. In der Zwischenzeit 150 g zerbröckelten Feta, je 150 g Erbsen und Zuckerschoten, 100 g Erbsensprossen und 1 Handvoll Minzeblätter vermengen. 3 EL Olivenöl, 1 EL Weißweinessig und je ½ TL Dijonsenf und Honig verrühren, abschmecken. Den Salat mit dem Dressing mischen und zum Lamm servieren.

30 Erbsen-Minze-Risotto mit Lammkotelett

Den Backofengrill auf höchster Stufe vorheizen. In einem Topf 1 l Gemüsebrühe erhitzen. In einem Topf 50 g Butter zerlassen und 4 klein geschnittene Frühlingszwiebeln darin 2–3 Minuten dünsten, dann 175 g Arborioreis einrühren. 100 ml Weißwein zugießen und unter Rühren köcheln, bis dieser vollständig aufgenommen ist. Schöpfkellenweise Brühe zugeben, jeweils rühren, bis die Brühe absorbiert ist, dann weitere Brühe zugeben. So lange wiederholen, bis der Reis gar ist, aber noch leichten Biss hat. In der Zwischenzeit 180 g Erbsen aus der Dose 3 Minuten in kochendem Wasser erhitzen. Abgießen und mit 2 EL gehackten Minzeblättern leicht zerdrücken. 4 Lammkoteletts würzen und von jeder Seite 4–5 Minuten grillen. Die Minze-Erbsen und 2 EL geriebenen Parmesan unter den Risotto rühren. Mit Salz und frisch gemahlenem Pfeffer abschmecken. Risotto auf Tellern anrichten und Lammkoteletts darauflegen. Mit 2 EL gerösteten Pinienkernen bestreuen und servieren.

30 Pestonudeln mit geröstetem Gemüse

Für 4 Personen

1 rote Paprika, entkernt und gewürfelt
1 gelbe Paprika, entkernt und gewürfelt
1 rote Zwiebel, in Spalten geschnitten
2 Zucchini, in Scheiben geschnitten
2 Karotten, geputzt und gewürfelt
8 kleine Tomaten
2 Knoblauchzehen, gehackt
2 EL Olivenöl
2 TL Kreuzkümmelsamen
300 g glutenfreie Nudeln
75 g entsteinte schwarze Oliven
2 EL Pesto
1 Handvoll Basilikumblätter
Salz und frisch gemahlener Pfeffer
Parmesan zum Garnieren

- Den Backofen auf 200 °C vorheizen.
- Gemüse und Knoblauch in eine große Bratform legen und mit Olivenöl beträufeln. Kreuzkümmelsamen und etwas Salz und Pfeffer darüberstreuen. Im Ofen 25–30 Minuten backen.
- Die Nudeln in leicht gesalzenem Wasser nach Packungsanleitung al dente garen. Abgießen und mit dem Röstgemüse, Oliven, Pesto und Basilikum vermengen, abschmecken. Den Parmesan darüberhobeln und servieren.

10 Nudel-Gemüse-Salat

350 g glutenfreie Nudeln in leicht gesalzenem Wasser nach Packungsanleitung al dente kochen. In der Zwischenzeit 125 g Zuckerschoten und 125 g grüne Bohnen putzen. Mit 125 g grünen Erbsen aus der Dose in kochendem Wasser blanchieren. Abgießen, kalt abschrecken und abtropfen lassen. Die Nudeln abgießen und mit dem Gemüse mischen. 2 EL Pesto, 150 g zerbröckelten Feta, 25 g Rucolablätter und 2 EL geröstete Pinienkerne unterziehen, würzen.

20 Pitta-Pizza mit gebratenem Gemüse

Den Backofengrill auf höchster Stufe vorheizen. Je 1 rote und gelbe Paprika entkernen und würfeln. 2 rote Zwiebeln und 2 Zucchini in dicke Scheiben, 2 Knoblauchzehen klein schneiden. In einer Pfanne bei mittlerer Temperatur 1 EL Olivenöl erhitzen. Das Gemüse und den Knoblauch darin unter Rühren 10–12 Minuten dünsten, kräftig würzen. 4 glutenfreie Pittabrote toasten und mit 2 EL Pesto bestreichen. Das Gemüse darauf verteilen und mit 200 g Mozzarella in Scheiben belegen. 4–5 Minuten grillen, bis der Käse geschmolzen ist.

30 Mediterranes Olivenhuhn

Für 4 Personen

4 Hähnchenbrüste (je 150 g)
½ TL Paprikapulver
1 EL Olivenöl
1 rote Paprika, entkernt und gewürfelt
1 rote Zwiebel, gehackt
1 Knoblauchzehe, zerdrückt
1 Dose gehackte Tomaten (400 g)
100 g Babyspinatblätter
2 EL grüne Oliven
1 TL Kapern
1 EL gehackte Basilikumblätter
Salz und frisch gemahlener Pfeffer

- Den Backofengrill auf höchster Stufe vorheizen. Die Hähnchenbrüste mit Paprikapulver bestäuben und von jeder Seite 4–5 Minuten grillen. Anschließend in eine ofenfeste Form legen. Die Grillstufe zurückschalten und die Backofentemperatur auf 200 °C halten.
- In einer Pfanne bei mittlerer Temperatur das Öl erhitzen. Paprika, Zwiebeln und Knoblauch darin 3–4 Minuten dünsten. Gehackte Tomaten, Spinat, Oliven, Kapern und Basilikumblätter einrühren und alles zum Köcheln bringen, abschmecken.
- Die Sauce auf den Hähnchenbrüsten verteilen und das Ganze im Ofen 15–18 Minuten backen, bis das Fleisch gar ist.

---

10 Pitta mit Oliven In einer Grillpfanne 4 glutenfreie Pittabrote von jeder Seite 2–3 Minuten rösten. An der Längsseite einschneiden, sodass Taschen entstehen. 3 gegarte Hähnchenbrüste in Scheiben schneiden. Jeweils ein Viertel vom Hähnchen in die Taschen geben, dann die Brote mit je 1 Handvoll Babyspinatblättern, 3–4 halbierten Oliven und 2–3 TL glutenfreier Tomatensalsa aus dem Glas füllen. Nach Belieben würzen.

20 Hähnchenkebabs mit Tomaten-Oliven-Salsa Den Grill auf höchster Stufe vorheizen. 4 Hähnchenbrüste (je 150 g) ohne Haut in mundgerechte Stücke schneiden und in eine Schüssel legen. Hähnchen mit der fein abgeriebenen Schale von 1 unbehandelten Zitrone, 1 EL gehackten Basilikumblättern und 1 zerdrückten Knoblauchzehe vermengen. 1 rote und 1 gelbe Paprika entkernen und in mundgerechte Stücke schneiden. Anschließend die Fleischstücke im Wechsel mit der Paprika auf 8 zuvor in Wasser eingelegte Holzspieße stecken. Die Spieße unter Wenden 16–18 Minuten grillen. 6 gewürfelte reife Tomaten, 1 gehackte Schalotte und 6–8 gehackte entsteinte Oliven mit 1 TL Zitronensaft, 2 EL Olivenöl und 1 EL zerkleinerten Basilikumblättern mischen und würzen. Die Kebabs mit der Salsa servieren.

30 Lamm-Tajine

Für 4 Personen

750 g Lammschulter
2 EL Olivenöl
1 Zwiebel, gehackt
1 Knoblauchzehe, gehackt
1 TL gemahlener Kreuzkümmel
1 TL gemahlener Zimt
½ TL gemahlener Ingwer
500 ml Hühnerbrühe
2 EL Tomatenmark
1 TL brauner Rohrzucker
75 g getrocknete Aprikosen
50 g Backpflaumen
50 g Mandelblätter

- Das Lammfleisch in mundgerechte Würfel schneiden. In einem großen Schmortopf bei mittlerer Temperatur das Öl erhitzen. Das Fleisch darin von allen Seiten kräftig anbraten. Herausnehmen und beiseitestellen.
- Zwiebeln und Knoblauch 2–3 Minuten in dem Topf braten, dann die Gewürze für 1 weitere Minute einrühren.
- Das Lammfleisch wieder in den Topf legen. Brühe, Tomatenmark, Zucker und getrocknete Früchte zugeben, alles aufkochen und 25 Minuten köcheln lassen. Abschmecken.
- In einer kleinen Pfanne die Mandelblätter kurz trocken rösten. Die Tajine mit gerösteten Mandelblättern bestreuen und mit Quinoa servieren.

---

10 **Lammkotelett mit Quinoa-Salat** In einem Topf mit kochendem Wasser 100 g Quinoa 8–9 Minuten garen. Je 2 TL gemahlene Kurkuma und gemahlenen Kreuzkümmel mit 1 TL gemahlenem Ingwer mischen. 4 Lammkoteletts mit der Gewürzmischung einreiben und in einer heißen Grillpfanne von jeder Seite 3–4 Minuten braten, warm halten. In der Zwischenzeit 50 g getrocknete Aprikosen hacken. In einer kleinen Pfanne 2 EL Mandelblätter kurz trocken rösten. Aprikosen, Mandelblätter, 2 EL gehackte Petersilienblätter und 1 EL gehackte Minzeblätter mischen. Quinoa abgießen, die Kräutermischung einrühren, abschmecken und zu den Koteletts servieren.

---

20 **Lammburger** 1 kleine Zwiebel würfeln, 3 Knoblauchzehen zerdrücken. 1 rote Chili entkernen und hacken. In einer großen Schüssel Zwiebeln, Knoblauch und Chili mit 1 EL fein geriebener frischer Ingwerwurzel, 1 EL gehackten Korianderblättern, 1 Ei, ½ TL gemahlenem Kreuzkümmel, etwas Salz und frisch gemahlenem Pfeffer sowie mit 400 g Lammhack vermengen. Aus dem Teig 4 Burger formen und 6–8 Minuten kalt stellen. In der Zwischenzeit in einem Topf mit kochendem Wasser 100 g Quinoa 8–9 Minuten garen. 50 g getrocknete Aprikosen hacken. In einer kleinen Pfanne 2 EL Mandelblätter kurz trocken rösten. Aprikosen, Mandelblätter, 2 EL gehackte Petersilienblätter und 1 EL gehackte Minzeblätter mischen. Quinoa abgießen, die Kräutermischung einrühren, abschmecken. In einer Pfanne bei mittlerer Temperatur 1 EL Olivenöl erhitzen und die Burger darin von jeder Seite 4–5 Minuten braten. Mit dem Quinoa-Salat in Schalen servieren. Jeweils einen Tupfer Naturjoghurt daraufgeben und mit Paprikapulver bestreuen.

10 Rotbarbe mit Kartoffel-Fenchel-Püree

Für 4 Personen

700 g Kartoffeln, geschält und in mundgerechte Würfel geschnitten
2 Fenchelknollen, geputzt und gewürfelt
1 EL Olivenöl
8 Rotbarbenfilets (je 100 g)
25 g Butter
1 EL gehackte Petersilienblätter
Salz und frisch gemahlener Pfeffer
Brunnenkresse zum Garnieren

- Kartoffeln und Fenchel in leicht gesalzenem Wasser 8–9 Minuten garen.
- In der Zwischenzeit in einer Pfanne bei mittlerer Temperatur das Olivenöl erhitzen. Die Rotbarbenfilets würzen und im Öl von jeder Seite 2–3 Minuten braten.
- Kartoffeln und Fenchel abgießen. Mit Butter und gehackten Petersilienblättern grob pürieren, abschmecken. Das Püree auf Tellern anrichten, die gebratenen Filets darauflegen und mit Brunnenkresse garnieren.

---

20 **Rotbarbe mit Porree und Tomaten** Den Backofengrill auf mittlerer Stufe vorheizen. 4 ganze Rotbarben jeweils 3-mal einschneiden. In einer kleinen Schüssel 2 EL Olivenöl, 3 EL Limettensaft und 1 EL Fenchelsamen mischen. Die Fische damit bestreichen und so 10 Minuten marinieren. In der Zwischenzeit 3 Porreestangen putzen und in Scheiben schneiden. In einer Pfanne bei mittlerer Temperatur 1 EL Öl erhitzen und den Porree darin 5–6 Minuten dünsten. 1 Dose gehackte Tomaten (400 g) einrühren und alles weitere 4–5 Minuten köcheln, würzen. Einige Minuten abkühlen lassen. Die Fische mit der Porree-Tomaten-Mischung füllen und von jeder Seite 7–8 Minuten grillen. Dazu gedämpftes Gemüse und Kartoffelpüree servieren.

30 **Rotbarbe mit Fenchelpüree** Den Backofen auf 200 °C vorheizen. 8 quadratische Stücke Backpapier zuschneiden. Sie sollten so groß sein, dass die Fische locker daraufgelegt werden können (zzgl. 3,5 cm Rand). 4 Papierstücke mit etwas Olivenöl bestreichen und auf Backbleche legen. 2 Porreestangen putzen und in Scheiben schneiden. Mit 300 g Babyspinatblättern auf dem Papier verteilen. Dann auf jedes der 4 Stücke jeweils 1 EL Crème fraîche, 1 Schuss Weißwein, 2 Rotbarbenfilets (je 100 g), 2 Limettenscheiben und etwas Salz und frisch gemahlenen Pfeffer geben. Die restlichen 4 Papierquadrate darauflegen und die Kanten so zusammendrücken, dass Päckchen entstehen. Im Ofen 15–20 Minuten backen.
2 geputzte und gewürfelte Fenchelknollen sowie 600 g geschälte und gewürfelte Kartoffeln in leicht gesalzenem Wasser weich garen. Abgießen und pürieren. 25 g Butter und 1 EL gehackte Petersilienblätter unterrühren, abschmecken. Fisch und Gemüse auf dem Fenchelpüree anrichten und servieren.

30 Ratatouille-Pizza

Für 4 Personen

3 EL Olivenöl zzgl. etwas zum Beträufeln
800 g Ratatouille-Gemüse, geputzt und in mundgerechte Segmente geschnitten
2 Knoblauchzehen, gehackt
2 Schalotten, gehackt
6–8 Basilikumblätter
4 EL Tomatenmark
4 glutenfreie Pizzaböden
125 g geriebener Mozzarella
Salz und frisch gemahlener Pfeffer

- Den Backofen auf 180 °C vorheizen. In einer Pfanne bei mittlerer Temperatur das Olivenöl erhitzen. Gemüse, Knoblauch und Schalotten darin scharf anbraten. In eine ofenfeste Form füllen, kräftig würzen und mehr Olivenöl darüberträufeln. Im Ofen in etwa 10 Minuten garen.
- Die Basilikumblätter zerzupfen und mit dem Tomatenmark untermischen. Nochmals mit Salz und Pfeffer abschmecken. Das Ratatouille lässt sich gut auf Vorrat vorbereiten, hält sich im Kühlschrank 1–2 Tage oder kann eingefroren werden (siehe die 10-Minuten-Variante).
- Die Ofentemperatur nun auf 220 °C erhöhen. Pizzaböden auf 2 Backbleche legen. Die Ratatouille-Mischung darauf verstreichen.
- Mit Mozzarella bestreuen und mit Olivenöl beträufeln. Die Pizzen im Ofen in 25 Minuten fertig backen.

10 Ratatouille-Pasta

350 g glutenfreie Nudeln in leicht gesalzenem Wasser nach Packungsanleitung al dente garen. In der Zwischenzeit 2 Knoblauchzehen zerdrücken und 6–8 Basilikumblätter fein schneiden. In einem Topf bei mittlerer Temperatur 400 g Ratatouille vom Vortag (siehe 30-Minuten-Variante) mit Knoblauchzehen, Basilikumblättern und 1 EL Olivenöl erhitzen. Die Nudeln abgießen und mit dem Ratatouille vermengen, abschmecken. Mit 2–3 EL geriebenem Parmesan bestreuen und servieren.

20 Pitta mit Ratatouille

Den Backofengrill auf höchster Stufe vorheizen. 1 rote Zwiebel und 2 Knoblauchzehen hacken. Je 1 rote und gelbe Paprika entkernen und würfeln. 2 Zucchini in Scheiben schneiden. In einem Topf bei mittlerer Temperatur 1 EL Olivenöl erhitzen. Das Gemüse und den Knoblauch darin 3–4 Minuten dünsten. 1 Dose gehackte Tomaten (400 g), 2 EL zerkleinerte Basilikumblätter und je 1 Prise Salz und frisch gemahlenen Pfeffer einrühren. In einer Grillpfanne 4 glutenfreie Pittabrote 2 Minuten von jeder Seite rösten. Pittabrote auf ein Backblech legen und das Ratatouille darauf verstreichen. 150 g geriebenen Mozzarella daraufstreuen und die Pittabrote unter dem Grill 3–4 Minuten backen, bis der Käse eine goldbraune Farbe hat.

20 Thai-Fleischbällchen mit Nudeln

Für 4 Personen
500 g Geflügelhack
3 Frühlingszwiebeln, fein gewürfelt
2 Knoblauchzehen, gehackt
1 rote Chili, entkernt und fein gewürfelt
2 EL fein geriebene frische Ingwerwurzel
600 ml Hühnerbrühe
350 g Reisnudeln
300 g glutenfreie Tomatensauce aus dem Glas
Korianderblätter zum Garnieren

- Geflügelhack, Frühlingszwiebeln, Knoblauch, Chili und Ingwer vermengen. Mit feuchten Händen den Teig in 16 Portionen teilen und diese zu Bällchen formen.
- In einem großen Topf die Brühe zum Kochen bringen. Die Fleischbällchen darin in 10 Minuten gar ziehen lassen.
- In der Zwischenzeit die Reisnudeln nach Packungsanleitung kochen, abgießen und mit den Fleischbällchen und der Tomatensauce mischen. Mit Korianderblättern garnieren.

---

10 Thai-Hähnchen mit Nudeln aus dem Wok 350 g Reisnudeln nach Packungsangabe garen. In der Zwischenzeit 450 g Hähnchenfleisch in Streifen schneiden. 1 rote Chili entkernen und würfeln, 3 Frühlingszwiebeln hacken. Hähnchen, Chili und Frühlingszwiebeln mit 2 EL Sesamöl und 2 EL fein geriebener frischer Ingwerwurzel mischen. In einem Wok 1 EL Pflanzenöl erhitzen. Die Hähnchenmischung zugeben und unter Rühren 3–4 Minuten darin braten. 2 EL rote Currypaste einrühren und 2 Minuten weiterbraten. 2 Pak-Choi-Köpfe grob hacken, mit 300 g Kokoscreme einrühren und alles aufkochen. 2–3 Minuten köcheln lassen. Nudeln abgießen und in 4 tiefen Tellern anrichten. Das Wok-Hähnchen daraufgeben.

---

30 Hähnchencurry mit Reisnudeln In einem Wok bei hoher Temperatur 1 EL Pflanzenöl erhitzen. 2 gewürfelte Schalotten, 1 gehackten Zitronengrasstängel 1–2 Minuten darin dünsten. 3–4 TL rote Currypaste einrühren und 1 Minute dünsten. 600 g in mundgerechte Stücke geschnittene Hähnchenbrust zugeben und unter ständigem Rühren 5–6 Minuten braten. ½ EL glutenfreie Fischsauce, 1 TL braunen Rohrzucker und 2–3 Kaffirlimettenblätter sowie 400 ml Kokosmilch in den Wok geben. Alles 15 Minuten köcheln lassen, nochmals abschmecken. 1 Handvoll grob gehackte Korianderblätter unterrühren. 150 g Reisnudeln nach Packungsanleitung kochen und zum Hähnchencurry servieren.

20 Meeresfrüchte aus dem Wok

Für 4 Personen

2 TL flüssiger Honig
fein abgeriebene Schale und Saft von 1 unbehandelten Limette
2 EL Tamari-Sojasauce
24 geschälte rohe Riesengarnelen
50 g Tintenfischringe
125 g Muschelfleisch
150 g Reisbandnudeln
1 EL Pflanzenöl
1 TL Sesamöl
4 Frühlingszwiebeln, klein geschnitten
1 rote Paprika, entkernt und in Streifen geschnitten
150 g Bohnensprossen
150 g Pak Choi, gehackt
Salz und frisch gemahlener Pfeffer

- In einer kleinen Schüssel Honig, Limettenschale und -saft sowie Sojasauce verrühren. Garnelen, Tintenfischringe und Muschelfleisch in eine weitere Schüssel geben, die Marinade darübergießen und die Meeresfrüchte 5 Minuten ziehen lassen.
- In der Zwischenzeit die Nudeln nach Packungsanleitung kochen.
- In einem Wok bei hoher Temperatur beide Öle erhitzen. Die abgetropften Meeresfrüchte darin unter Rühren 2–3 Minuten braten, bis die Garnelen eine rosa Farbe haben. Herausnehmen und beiseitelegen.
- Zwiebeln und Paprika im Wok unter Rühren 2 Minuten braten. Bohnensprossen und Pak Choi zugeben und alles unter Rühren weitere 1–2 Minuten braten. Die Meeresfrüchte wieder in den Wok geben und die Reisnudeln untermengen. Alles 2–3 Minuten unter Rühren braten, abschmecken und sofort servieren.

---

10 Meeresfrüchtesalat In einer Pfanne bei mittlerer Temperatur 1 EL Olivenöl erhitzen. 1 Knoblauchzehe zerdrücken, ½ rote Chili entkernen und würfeln. Mit 500 g gemischten Meeresfrüchten in die Pfanne geben und 4–5 Minuten braten. Pfanne vom Herd nehmen und die Meeresfrüchte mit einem Schaumlöffel herausnehmen. 3 EL Limettensaft, 2 EL extra natives Olivenöl, Salz und Pfeffer in die Pfanne geben und das Dressing kurz erwärmen. Die Meeresfrüchte mit 100 g Rucola und dem warmen Dressing vermengen und servieren.

30 Meeresfrüchte-Tomaten-Suppe In einem Topf bei mittlerer Temperatur 1 EL Olivenöl erhitzen. 4 klein geschnittene Frühlingszwiebeln, 1 klein geschnittene Selleriestange, 1 entkernte, gewürfelte rote Chili und 2 klein geschnittene Knoblauchzehen darin 3–4 Minuten dünsten. 1 Dose gehackte Tomaten (400 g) und 600 ml Fischbrühe zugeben und das Ganze 10–12 Minuten köcheln lassen.
500 g gemischte Meeresfrüchte in den Topf geben und 4–5 Minuten köcheln, würzen. Die Suppe mit 2 EL gehackten Petersilienblättern bestreuen und servieren. Dazu getoastetes glutenfreies Brot reichen.

30 Senf-Kartoffel-Püree mit Bratwurst und Zwiebeln

Für 4 Personen

4 rote Zwiebeln, in Spalten geschnitten
2 Porreestangen, geputzt und in Scheiben geschnitten
8 glutenfreie Bratwürste
2 EL Olivenöl
3–4 Rosmarinzweige
900 g Kartoffeln
50 g Butter
2–3 EL grobkörniger Senf
frisch gemahlener Pfeffer

- Den Backofen auf 200 °C vorheizen.
- Zwiebeln, Porree und Würste in eine große Bratform legen, mit Olivenöl beträufeln und würzen. Die Rosmarinzweige waschen, trocken schütteln und darauflegen. Im Ofen 25 Minuten backen. Während der Backzeit ab und zu umrühren.
- In der Zwischenzeit die Kartoffeln in leicht gesalzenem Wasser in 12–15 Minuten gar kochen.
- Kartoffeln abgießen, wieder in den Topf legen und mit der Butter pürieren. Den Senf unterrühren.
- Das Senfpüree auf 4 warmen flachen Tellern anrichten. Würste und Röstgemüse sowie Bratensäfte daraufgeben.

---

10 Bratwurst mit Zwiebeln und Kartoffel-Senf-Püree In einer großen Pfanne 1 EL Olivenöl erhitzen. 8 glutenfreie Bratwürste darin unter Wenden 10 Minuten braten. In der Zwischenzeit 4 rote Zwiebeln in Scheiben schneiden. In einem Topf 1 EL Öl erhitzen und die Zwiebeln darin 2–3 Minuten dünsten. 2 EL Balsamico und 1 TL Zucker einrühren und weitere 5–6 Minuten dünsten. 500 g glutenfreies Kartoffelpüree (Fertigprodukt) zubereiten, 2 EL grobkörnigen Senf unterrühren. Wurst und Zwiebeln mit dem Püree anrichten.

20 Wurst-Zwiebel-Kebabs mit Zitronenpüree Den Backofengrill auf höchster Stufe vorheizen. 700 g Kartoffeln schälen, in mundgerechte Stücke schneiden und in leicht gesalzenem Wasser 12–15 Minuten garen. In der Zwischenzeit 8 glutenfreie Bratwürste in Stücke schneiden, 2 Zwiebeln in Spalten schneiden, 2 rote und 1 gelbe Paprika entkernen und würfeln. Im Wechsel auf 8 zuvor in Wasser eingelegte Spieße stecken. Mit 2 EL Olivenöl bestreichen und mit 2 EL gehackten Rosmarinnadeln bestreuen. 10–12 Minuten unter Wenden grillen. Kartoffeln abgießen und mit 50 g Butter pürieren. Die fein abgeriebene Schale von 1 unbehandelten Zitrone und 1 EL Crème fraîche unterziehen, würzen. Die Kebabs mit dem Zitronenpüree servieren. Mit Brunnenkresse garnieren.

10 Pancetta-Brokkoli-Pizza mit Mozzarella

Für 4 Personen

12 Scheiben Pancetta
4 glutenfreie Pittabrote
200 g Brokkoli
1 TL frisch geriebene Muskatnuss
200 g geriebener Mozzarella
Salz und frisch gemahlener Pfeffer

- Den Backofengrill auf höchster Stufe vorheizen. Pancetta auf ein Backblech legen und in 4–5 Minuten knusprig grillen.
- In der Zwischenzeit in einer Grillpfanne die Pittabrote 1–2 Minuten von jeder Seite rösten. Den Brokkoli in Röschen teilen und in kochendem Wasser 2 Minuten blanchieren, abgießen.
- Auf jedes Pittabrot 3 Scheiben Pancetta legen. Brokkoli darauf verteilen und mit Muskatnuss, Salz und Pfeffer würzen. Die Brote mit dem Mozzarella bestreuen. Die Pizzen unter dem Grill in 2–3 Minuten goldbraun backen.

20 Fusilli mit Brokkoli und Pancetta

200 g Pancetta in Streifen schneiden und 8–10 Minuten in einer Pfanne braten. 4 Knoblauchzehen klein schneiden, zugeben und 1 Minute mitbraten. 4 EL Weißwein in die Pfanne geben und alles 4–5 Minuten köcheln lassen. In der Zwischenzeit 350 g glutenfreie Fusilli nach Packungsanleitung al dente garen. 250 g lilafarbenen Brokkoli klein schneiden und 2 Minuten vor Garende zugeben. Nudeln und Brokkoli abgießen, mit der Pancettamischung und 100 g geriebenem Parmesan vermengen. Abschmecken und servieren.

30 Pizza mit Brokkoli, Chili und Pancetta

Den Backofen auf 220 °C vorheizen. 250 g lilafarbenen Brokkoli zerteilen. In einem Topf in leicht gesalzenem Wasser 2–3 Minuten garen, abgießen. 2 große glutenfreie Pizzaböden mit 200 g glutenfreier Pizzasauce aus dem Glas bestreichen. Brokkoli und 200 g gewürfelten Pancetta sowie 1 TL getrocknete Chiliflocken und getrockneten Oregano nach Belieben darauf verteilen. ½ rote Zwiebel in Ringe und 250 g Mozzarella in Scheiben schneiden und die Pizzen damit belegen. Pizzen im Ofen in 22–25 Minuten goldbraun backen.

20 Kalbsleber mit Salbeilinsen

Für 4 Personen

1 EL Olivenöl
1 Karotte, geschält und gewürfelt
1 Selleriestange, gewürfelt
½ kleine rote Zwiebel, fein gewürfelt
4 Salbeiblätter, grob zerkleinert
1 Knoblauchzehe, klein geschnitten
1 Dose Puy-Linsen (400 g), abgespült und abgetropft
125 ml Rotwein
100 g Babyspinatblätter
2–3 EL Crème fraîche
4 Scheiben ungeräucherter durchwachsener Speck
400 g Kalbsleber
Salz und frisch gemahlener Pfeffer

- Den Backofengrill auf mittlerer Stufe vorheizen.
- In einer Pfanne bei mittlerer Temperatur das Öl erhitzen. Karotte, Sellerie und Zwiebeln zugeben und 2–3 Minuten dünsten. Dann Salbei, Knoblauch und Linsen einrühren. Den Wein zugießen und Spinat sowie Crème fraîche einrühren, abschmecken. 8–10 Minuten köcheln lassen.
- In der Zwischenzeit den Speck unter dem Grill in 7 Minuten knusprig backen, dann grob hacken. Den Grill auf die höchste Stufe stellen.
- Die Leber mit Salz und Pfeffer würzen. 1–2 Minuten von jeder Seite grillen.
- Die Leber auf den Linsen anrichten, mit dem Speck bestreuen und servieren.

---

10 Lammleber mit Zwiebeln und Salbeipüree In einer Pfanne bei mittlerer Temperatur 1 EL Olivenöl erhitzen. 3 Zwiebeln klein schneiden und darin 6–7 Minuten dünsten. 1 Spritzer Balsamico und ½ TL Zucker einrühren und weitere 2–3 Minuten dünsten. In einer zweiten Pfanne 25 g Butter zerlassen. 450 g Lammleber klein schneiden, mit Salz und frisch gemahlenem Pfeffer würzen und in der Butter von beiden Seiten 1–2 Minuten braten. 500 g glutenfreies Kartoffelpüree (Fertigprodukt) nach Packungsanleitung zubereiten und 1 EL gehackte Salbeiblätter unterrühren. Das Salbeipüree auf 4 Tellern anrichten, Leber und Zwiebeln daraufgeben und sofort servieren.

30 Hähnchenleber auf Linsensalat 1 Karotte, 1 Selleriestange und 1 rote Zwiebel putzen und würfeln. 2 Knoblauchzehen klein schneiden. In einem Topf bei mittlerer Temperatur 1 EL Olivenöl erhitzen. Gemüse und Knoblauch zugeben und 2–3 Minuten dünsten. 1 Dose Linsen (400 g) abspülen, abtropfen lassen und 2–3 Minuten miterhitzen. Den Topf vom Herd nehmen. 3 EL Olivenöl, 1 EL Rotweinessig, ½ TL Dijonsenf und ½ TL flüssigen Honig zu einem Dressing verrühren. In einem tiefen Teller 100 g Polenta, 100 g geriebenen Parmesan, ½ EL gehackte Salbeiblätter und ½ TL Pfeffer mischen. In einer Schüssel 2 Eier verquirlen. In einer Pfanne bei mittlerer Temperatur 25 g Butter und 1 EL Olivenöl erhitzen. 500 g Hähnchenleber erst durch die Eiermischung ziehen, dann in der Polentamischung wälzen und 2–3 Minuten von jeder Seite braten. Auf Küchenpapier abtropfen lassen. Die Linsen mit 175 g grünen Salatblättern und dem Dressing mischen und auf die angerichtete Leber geben.

30 Hähnchen mit Selleriepüree

Für 4 Personen

800 g Kartoffeln, geschält und gewürfelt
200 g Sellerie, geschält und gewürfelt
4 Hähnchenbrüste (je 150 g)
8 Estragonzweige
125 ml Weißwein
250 g grüne Bohnen
50 g Butter
Salz und frisch gemahlener Pfeffer

- Den Backofen auf 200 °C vorheizen. Kartoffeln und Sellerie zusammen in leicht gesalzenem Wasser in 10–12 Minuten garen.
- In der Zwischenzeit jede Hähnchenbrust auf ein großes Stück Backpapier legen. Je 2 Estragonzweige darauflegen, mit 2 EL Weißwein beträufeln und mit Pfeffer bestreuen. Das Papier so zusammenlegen, dass Päckchen entstehen, diese auf ein Backblech oder in eine Bratform legen. Im Ofen 15–18 Minuten backen.
- In der Zwischenzeit die Bohnen putzen und 3–4 Minuten dämpfen, abschmecken.
- Kartoffeln und Sellerie abgießen und mit der Butter pürieren. Mit Salz und Pfeffer würzen.
- Das Selleriepüree auf Tellern anrichten. Hähnchen und Bohnen darauflegen und alles mit den Garsäften beträufeln.

---

10 **Grillhähnchen mit grünen Bohnen** Den Backofengrill auf höchster Stufe vorheizen. 4 Hähnchenbrüste (je 150 g) mit einer Teigrolle flach rollen. 4 EL Zitronensaft, 2 EL Honig und 1 EL gehackte Estragonblätter verrühren und damit das Hähnchen bestreichen. 3–4 Minuten von jeder Seite grillen. 250 g grüne Bohnen putzen und in 3–4 Minuten kochen, würzen. 500 g glutenfreies Kartoffelpüree (Fertigprodukt) nach Packungsanleitung zubereiten. 25 g Butter in das Püree rühren, abschmecken und dieses mit Hähnchen und Bohnen servieren.

---

20 **Hähnchenauflauf mit Kartoffelhaube** In einem Topf bei mittlerer Temperatur 1 EL Olivenöl erhitzen. 1 Zwiebel in Scheiben schneiden. Zwiebeln und 4 in große Stücke geschnittene Hähnchenbrüste (je 150 g) in der Pfanne 4–5 Minuten braten. 150 ml Hühnerbrühe zugießen und das Ganze weitere 12–14 Minuten köcheln. In der Zwischenzeit 750 g glutenfreies Kartoffelpüree (Fertigprodukt) nach Packungsanleitung zubereiten. 1 Dose Mais (325 g) abspülen und abtropfen lassen. Mit 2 EL Crème fraîche, ½ EL gehackten Estragon- und 1 EL gehackten Petersilienblättern unter die Hähnchenmischung rühren. Mit Salz und frisch gemahlenem Pfeffer würzen. Das Ganze in 4 Auflaufformen geben und mit dem heißen Püree bestreichen. Sofort servieren.

20 Mischgemüse mit Cashewnüssen aus dem Wok

Für 4 Personen

2 EL Erdnussöl
2 cm frische Ingwerwurzel, geschält und fein gerieben
50 g Cashewnüsse
250 g Chinakohl
1 rote Paprika
6 Baby-Maiskolben
4 Knoblauchzehen
50 g Blumenkohlröschen
60 g Brokkoliröschen
1 EL Tamari-Sojasauce
Salz und frisch gemahlener Pfeffer

- In einem Wok bei hoher Temperatur das Erdnussöl erhitzen. Ingwer und Cashewnüsse zugeben und unter Rühren 1 Minute braten.
- Den Chinakohl klein schneiden, die Paprika entkernen und in Streifen schneiden. Die Maiskolben längs halbieren und die Knoblauchzehen hacken. Alle Zutaten in einer Schüssel mischen, dann in den Wok geben und bei hoher Hitze unter Rühren 4–5 Minuten braten, abschmecken. Sofort mit Basmatireis servieren.

---

10 Cashewnuss-Pastete mit Gemüsesticks
150 g Champignons putzen und würfeln. In einer Pfanne bei hoher Temperatur ½ EL Olivenöl erhitzen. Die Pilze zugeben und 3–4 Minuten darin braten. 175 g Cashewnüsse zugeben und 3–4 Minuten mitbraten. Das Ganze in einer Küchenmaschine mit 2 klein geschnittenen Frühlingszwiebeln, 1 EL Tahini-Paste (Sesampaste), 2 EL Olivenöl, 1 EL Naturjoghurt sowie Salz und frisch gemahlenem Pfeffer glatt vermengen. Dazu Gemüsesticks reichen.

---

30 Gemüsecurry mit Cashewnüssen In einer Pfanne 75 g Cashewnüsse bei mittlerer Hitze trocken rösten. In eine Schüssel legen und beiseitestellen. 1 Zwiebel hacken. In einer Pfanne bei mittlerer Temperatur 1 EL Sonnenblumenöl erhitzen, die Zwiebeln darin 2–3 Minuten dünsten. 1 rote Paprika entkernen und würfeln. Mit 125 g Zuckerschoten, 60 g Brokkoliröschen und 125 g Mais in die Pfanne geben und unter Rühren 2–3 Minuten darin braten. 1 EL Currypaste einrühren und 400 ml Kokosmilch zugeben. 12–15 Minuten köcheln lassen, bis das Gemüse weich ist. Die Hälfte der Cashewnüsse einrühren, abschmecken. Mit den restlichen Nüssen bestreuen und servieren.

QuickGluten-free

Desserts & Gebäck

Rezepte nach Zubereitungszeit

30

20

10

30 Orangenpfannkuchen

Für 4 Personen
200 g glutenfreies Mehl
2 Eier
300 ml Milch
2 unbehandelte Orangen
2–3 EL Zucker zum Bestreuen
Sonnenblumenöl zum Einfetten

- Das Mehl in eine Schüssel sieben. In die Mitte eine Vertiefung drücken.
- Die Eier in die Vertiefung geben und mit einem elektrischen Handrührgerät unterrühren, dann nach und nach die Milch zufügen, bis ein glatter Teig entsteht. 10 Minuten ruhen lassen.
- Eine kleine Pfanne bei mittlerer Temperatur erhitzen. Die Pfanne mit einigen Tropfen Sonnenblumenöl einfetten.
- 1 guten EL vom Teig in die Pfanne geben und die Pfanne schwenken, damit der Teig sich gleichmäßig bis an den Rand verteilt. 3–4 Minuten backen, dann wenden und weitere 2–3 Minuten backen. Warm halten und aus dem restlichen Teig weitere 7 Pfannkuchen zubereiten.
- Die Schale der Orangen fein abreiben. Dann die Orangen schälen und filetieren, den Saft dabei auffangen. In einem kleinen Topf bei mittlerer Temperatur Schale, Filets und Saft erwärmen. Auf die Pfannkuchen verteilen, mit Zucker bestreuen und servieren.

---

10 Mini-Scones mit Orangenjoghurt 200 g glutenfreies Mehl, 1 TL glutenfreies Backpulver, 2 Eier, 2 TL Zucker und 300 ml Milch verrühren. In einer Pfanne 1 TL Sonnenblumenöl erhitzen. Esslöffelweise Teig in die Pfanne geben und 1–2 Minuten braten. Sobald sich Blasen an der Oberfläche bilden, die Scones wenden und 1–2 Minuten von der anderen Seite garen. Die fein abgeriebene Schale von 2 unbehandelten Orangen mit 200 g Naturjoghurt verrühren und dazu servieren.

20 Orangen-Scones Den Backofen auf 200 °C vorheizen. 250 g glutenfreies Mehl und 2 TL glutenfreies Backpulver in eine Schüssel sieben. 50 g Butter unterarbeiten, bis die Konsistenz des Ganzen an Semmelbrösel erinnert. 50 g Zucker und die fein abgeriebene Schale von 1 unbehandelten Orange unterarbeiten. 1 Ei mit 125 ml Milch vernischen und unterrühren, bis ein weicher Teig entsteht. Den Teig auf leicht bemehlter Arbeitsfläche etwa 2 cm dick ausrollen. 8–10 Kreise (Durchmesser 3–4 cm) ausstechen und auf ein Backblech legen. Im Backofen in 15–16 Minuten leicht bräunen. Noch warm mit Butter bestreichen und mit Erdbeerkonfitüre servieren.

10 Schokoladen-Weinbrand-Creme

Für 4 Personen

180 g Zartbitterschokolade
1 EL Weinbrand
200 g Sahne
4 EL Crème fraîche
Kakaopulver zum Bestäuben

- Die Schokolade in einer hitzebeständigen Schüssel im Wasserbad unter Rühren schmelzen.
- In einem kleinen Topf bei mittlerer Hitze den Weinbrand und die Sahne erwärmen, aber nicht zum Kochen bringen. Die Schokolade einrühren, bis sich die Zutaten verbunden haben.
- Die Schokoladenmischung in 4 Becher füllen und im Kühlschrank fest werden lassen.
- Einen Tupfer Crème fraîche daraufsetzen, mit Kakao bestäuben und servieren.

20 Schokoladenpudding

Den Backofen auf 200 °C vorheizen. In einer größeren hitzebeständigen Schüssel im Wasserbad 185 g Schokolade und 150 g Butter unter Rühren schmelzen. In einer zweiten Schüssel 2 Eier und 2 Eigelbe mit 2 EL Zucker verrühren. Anschließend in die Schokoladen-Butter-Mischung rühren, danach 2 TL glutenfreies Mehl unterziehen. Die Creme in 4 ofenfeste Förmchen füllen und im Ofen 9–10 Minuten backen. Außen sollten die Puddings fest, im Innern aber noch weich sein.

30 Schokoladenmuffins

Den Backofen auf 200 °C vorheizen. In einer großen Schüssel 200 g glutenfreies Mehl, 1 TL glutenfreies Backpulver, 4 EL Kakaopulver und 200 g Zucker mischen. 125 g Butter unterarbeiten, bis die Konsistenz des Ganzen an Semmelbrösel erinnert. 2 Eier mit 125 ml Milch verrühren und zur Mehlmischung geben. Das Ganze zu einem Teig verrühren. In eine Muffinform mit 12 Mulden Papierförmchen setzen und den Teig einfüllen. Die Muffins im Ofen 20 Minuten backen.

30 Kokos-Himbeer-Muffins

Ergibt 12 Stück

220 g glutenfreies Mehl
2 TL glutenfreies Backpulver
½ TL Natron
75 g Zucker
40 g Kokosraspel
60 g Butter
2 Eier
150 ml Milch
125 g Himbeeren

- Den Backofen auf 200 °C vorheizen. In die 12 Mulden einer Muffinform Papierförmchen setzen.
- In eine große Schüssel Mehl, Backpulver und Natron sieben, dann Zucker und Kokosraspel untermengen. In die Mitte eine Vertiefung drücken.
- In einem kleinen Topf die Butter zerlassen. Mit den Eiern und der Milch verrühren.
- Anschließend in die Vertiefung gießen und mit den trockenen Zutaten vermengen. Sobald ein glatter Teig entsteht, die Himbeeren vorsichtig unterarbeiten.
- Den Teig in die Papierförmchen füllen und die Muffins im Ofen 15 Minuten backen, bis sie eine goldbraune Farbe haben. Auf einem Kuchengitter abkühlen lassen.

---

10 **Himbeer-Kokos-Joghurt** Den Backofengrill auf mittlerer Stufe vorheizen. 4 EL Kokosraspel auf einem Backblech verteilen und in 3–4 Minuten goldbraun rösten. In einer Schüssel 500 g Naturjoghurt mit 125 g Himbeeren und den Kokosraspel verrühren, nach Belieben süßen. Den Himbeerjoghurt in 4 kleine Schalen füllen. Mit einigen Himbeeren belegen und mit etwas Honig beträufeln.

20 **Kokos-Scones mit Himbeeren** Den Backofen auf 220 °C vorheizen. 250 g glutenfreies Mehl und 2 TL glutenfreies Backpulver in eine Schüssel sieben. 1 EL Kokosraspel untermischen. 50 g Butter einarbeiten, bis alles die Konsistenz von Semmelbröseln hat. 50 g Zucker untermengen. 1 Ei mit 150 ml Milch verrühren und mit der Mehlmischung zu einem Teig verarbeiten. Mit Hilfe eines Eisportionierers 8 Teigkugeln abnehmen und auf ein Backblech setzen. Die Scones im Ofen 12–15 Minuten backen. Warm mit einem Tupfer Crème fraîche und einigen frischen Himbeeren servieren.

10 Karamellisierte Birnen

Für 4 Personen
100 g Butter
100 g brauner Rohrzucker
40 g Zucker
50 g Rübensirup
125 g Sahne
1 TL Salzflocken
4 Birnen, geschält, halbiert, entkernt

- Für die salzige Karamellsauce in einem Topf bei schwacher Hitze 75 g von der Butter, 75 g vom braunen Zucker, den Zucker und den Sirup unter Rühren erwärmen, bis sich der Zucker vollständig aufgelöst hat. 3 Minuten köcheln lassen, ab und zu umrühren.
- Die Sahne und die Hälfte der Salzflocken einrühren. Die Karamellsauce vorsichtig abschmecken, gegebenenfalls mehr Salz einrühren. In einen kleinen Servierkrug füllen und etwas abkühlen lassen.
- In der Zwischenzeit in einer Pfanne in der restlichen Butter und dem restlichen braunen Zucker die Birnenhälften in 4–5 Minuten goldbraun dünsten. Mit der salzigen Karamellsauce servieren.

---

20 **Apfel-Birnen-Beignets** In einer Schüssel 140 g glutenfreies Mehl mit 2 Eiern, 2 Eigelben und 200 ml Milch verrühren. 2 Eiweiß steif schlagen und unter den Teig heben. 2 Birnen und 2 Äpfel schälen, halbieren, entkernen und in Spalten schneiden. In einem Topf bei mittlerer Temperatur 1 EL Pflanzenöl erhitzen. Es sollte so heiß sein, dass ein kleiner Brotwürfel innerhalb von 20 Sekunden goldbraun wird. Portionsweise das Obst in den Teig tauchen und dann in 3–4 Minuten im Öl goldbraun braten. Mit einem Schaumlöffel herausnehmen und auf Küchenpapier abtropfen lassen. Mit 1 TL gemahlenem Zimt und 75 g Zucker bestreuen.

---

30 **Birnen-Cupcakes** Den Backofen auf 200 °C vorheizen. 225 g glutenfreies Mehl, 2 TL glutenfreies Backpulver und ½ TL Natron in eine Schüssel sieben. 75 g Zucker einrühren und in die Mitte eine Vertiefung drücken. In einem kleinen Topf bei niedriger Temperatur 60 g Butter zerlassen, diese mit 2 Eiern und 150 ml Milch verrühren und in die Vertiefung gießen. Die Zutaten vorsichtig vermengen, dann 2 geschälte, entkernte und gewürfelte Birnen unterarbeiten. In eine Muffinform mit 12 Mulden Papierförmchen setzen. Den Teig in die Förmchen füllen und die Cupcakes im Ofen in 15 Minuten goldbraun backen.

20 Rhabarberkaltschale

Für 4 Personen

450 g Rhabarber, in mundgerechte Stücke geschnitten
2 EL Zucker
4 EL Weißwein
300 g Sahne
fein abgeriebene Schale von 1 unbehandelten Zitrone
1 Eiweiß
gehackte Pistazien zum Garnieren

- In einem Topf bei schwacher Hitze Rhabarber und Zucker erwärmen, den Wein zugießen und den Rhabarber so lange köcheln, bis er weich ist. In eine Schüssel füllen und abkühlen lassen.
- Die Sahne steif schlagen und mit der geriebenen Zitronenschale unter den Rhabarber ziehen. Das Eiweiß steif schlagen und vorsichtig unterheben.
- Die Kaltschale in 4 Schälchen füllen und mit gehackten Pistazienkernen bestreuen. Bis zum Verzehr kalt stellen.

---

10 **Rhabarber-Sahne-Dessert** In einem Topf mit 3 EL Wasser 500 g geputzten, in Stücke geschnittenen Rhabarber 3–4 Minuten dünsten, dann im Küchenmixer pürieren. 300 g Sahne steif schlagen. Mit der fein abgeriebenen Schale von 1 unbehandelten Zitrone verrühren und mit dem Püree vermengen. Mit flüssigem Honig nach Belieben süßen. In 4 Gläsern anrichten und servieren.

---

30 **Rhabarber aus dem Ofen** Den Backofen auf 200 °C vorheizen. 600 g Rhabarber in fingerlange Stücke schneiden und in eine flache Auflaufform legen. 100 g Zucker darüberstreuen. Mit Alufolie abdecken und im Ofen 15 Minuten backen. Die Folie abnehmen und weitere 5–6 Minuten backen, bis der Rhabarber weich ist und sein ausgetretener Saft an Sirup erinnert. Mit Vanilleeis servieren.

30 Tropische Salsa mit Eis

Für 4 Personen

1 Passionsfrucht
1 reife Mango, geschält, entsteint und fein gewürfelt
100 g Ananas, fein gewürfelt
1 kleines Stück eingelegter Ingwer, fein gewürfelt
1 TL Ingwersirup (vom eingelegten Ingwer)
1 TL fein gehackte Minzeblätter
½ TL fein gehackte Korianderblätter
Eiscreme zum Servieren

- Die Passionsfrucht halbieren, das Fruchtfleisch herauslöffeln und durch ein Sieb in eine Schüssel passieren. Die Kerne wegwerfen.
- Das fein gewürfelte Obst, den aufgefangenen Passionsfruchtsaft und den Ingwer in die Schüssel geben und den Ingwersirup einrühren.
- Die gehackten Kräuter untermengen. Bei Zimmertemperatur 20 Minuten ruhen lassen, damit sich die Aromen entfalten können.
- Zum Servieren die Salsa mit Eiscreme anrichten.

---

10 **Baiser-Früchte-Becher** 40 g Baiser in kleine Stücke zerbrechen und in eine große Schüssel legen. 100 g gewürfelte Ananas, 1 geschälte, entsteinte, gewürfelte Mango und 300 g Naturjoghurt zugeben. 1 kleines Stück gewürfelten eingelegten Ingwer und 1 TL gehackte Minzeblätter zugeben und vorsichtig mit den Zutaten vermengen. Die Baiserstücke sollten nicht zu klein werden. Zum Servieren in 4 Dessertgläser füllen.

20 **Vitaminsalat** In einer großen Schüssel 10 geschälte, entsteinte Litschis, 1 geschälte, gewürfelte kleine Ananas, 1 geschälte, entsteinte, gewürfelte Mango, die Kerne von 1 Granatapfel und 6 gewürfelte Datteln mischen. Das Fruchtfleisch von 3 Passionsfrüchten durch ein Sieb passieren und den aufgefangenen Saft vorsichtig unter den Salat ziehen. Nach Belieben alles mit etwas Honig süßen. Bei Zimmertemperatur einige Minuten durchziehen lassen. Den Salat mit einigen Tupfern Crème fraîche versehen und mit Muskat bestreuen.

30 Bratapfel

Für 4 Personen

4 Äpfel
75 g getrocknete Cranberrys
4 kleine Stücke eingelegter Ingwer, gewürfelt
fein abgeriebene Schale von 2 unbehandelten Orangen
je 1 Msp. gemahlener Zimt, Koriander, Muskat, Ingwer, Piment, Nelken
4 EL flüssiger Honig

- Den Backofen auf 190 °C vorheizen. Die Äpfel mit einem Ausstecher von ihren Kerngehäusen befreien und in eine kleine ofenfeste Form setzen. Cranberrys, Ingwer, Orangenschale, Gewürze und Honig mischen und die Hohlräume der Äpfel damit füllen.
- 2 EL Wasser in die Form geben. Die Äpfel im Ofen 22–25 Minuten backen, bis sie weich sind. Dazu Crème fraîche servieren.

---

10 Apfelscheiben aus der Pfanne 4 Äpfel schälen, entkernen und in Scheiben schneiden. In einer Pfanne bei mittlerer Temperatur 25 g Butter zerlassen. Die Äpfel und je 1 winzige Msp. gemahlener Zimt, Koriander, Muskat, Ingwer, Piment und Nelken zugeben. 5–6 Minuten dünsten. 2 EL Honig einrühren und mit Sahnejoghurt servieren.

20 Apfel-Scones Den Backofen auf 220 °C vorheizen. 250 glutenfreies Mehl, 2 TL glutenfreies Backpulver und ½ TL gemahlenen Zimt in eine Schüssel sieben. 50 g Butter einarbeiten. 50 g Zucker untermengen. 1 Ei mit 150 ml Milch verquirlen und unter die Mehlmischung rühren, bis ein Teig entsteht. Mithilfe eines Eisportionierers 8 Teigkugeln abnehmen und auf ein Backblech setzen. Die Scones im Ofen in 12–15 Minuten goldbraun backen. In der Zwischenzeit in einem Topf 25 g Butter zerlassen, 2 geschälte, entkernte, in Scheiben geschnittene Äpfel darin 3–4 Minuten dünsten. 2 TL Zucker und ¼ TL gemahlenen Zimt einrühren. Die Scones durchschneiden und mit gedünsteten Äpfeln und halbfest geschlagener Sahne servieren.

10 Heidelbeer-Dattel-Mousse

Für 4 Personen

75 g entsteinte Datteln
75 g entsteinte Backpflaumen
fein abgeriebene Schale von 1 unbehandelten Orange
2 EL Crème fraîche
3–4 EL Naturjoghurt
100 g Heidelbeeren
geriebene Zartbitterschokolade zum Garnieren

- In einem Küchenmixer Datteln und Pflaumen mit der Orangenschale zerkleinern und mischen.
- Crème fraîche, Joghurt und Heidelbeeren untermixen, bis alles die Konsistenz einer Mousse hat.
- In 4 Dessertgläser füllen, mit Schokolade bestreuen und servieren.

---

20 Heidelbeer-Dattel-Riegel Den Backofen auf 180 °C vorheizen. In einem Topf 100 g Kokosöl, 90 g dunklen Zuckerrübensirup, 20 g braunen Rohrzucker und 25 g Agavensirup erwärmen, bis der Zucker vollständig aufgelöst ist. 250 g Amaranth, 50 g getrocknete Heidelbeeren und 50 g gehackte Datteln einrühren. Das Ganze in eine leicht geölte Form (18 cm x 18 cm) füllen und im Ofen 15 Minuten backen. 2 Minuten abkühlen lassen, dann in Quadrate schneiden und in der Form abkühlen lassen.

30 Heidelbeer-Dattel-Muffins Den Backofen auf 200 °C vorheizen. 225 g glutenfreies Mehl, 2 TL glutenfreies Backpulver und ½ TL Natron in eine Schüssel sieben. 75 g Zucker untermischen und in die Mitte eine Vertiefung drücken. In einem kleinen Topf 50 g Butter zerlassen, mit 2 Eiern und 150 ml Milch verrühren und in die Mulde gießen. Die Zutaten vermengen und vorsichtig 125 g Heidelbeeren unterarbeiten. In die 12 Mulden einer Muffinform Papierförmchen setzen und den Teig hineingeben. Im Ofen in 15 Minuten goldbraun backen. Aus der Form nehmen, auf einem Kuchengitter abkühlen lassen oder warm servieren.

30 Amaretti-Pfirsiche

Für 4 Personen
4 reife Pfirsiche
8 Amaretti
4 EL Mascarpone
fein abgeriebene Schale und Saft von 1 unbehandelten Orange

- Den Backofen auf 200 °C vorheizen. Die Pfirsiche halbieren, entsteinen und mit der Schnittfläche nach oben in eine flache, ofenfeste Form legen.
- Die Amaretti zerbröseln. Keksbrösel, Mascarpone und Orangenschale mischen und auf den Pfirsichen verstreichen.
- Mit Orangensaft beträufeln. Im Ofen in 15–20 Minuten weich backen.

---

10 Pfirsiche mit Amaretti-Joghurt 200 g griechischen Joghurt mit 200 g Mascarpone verrühren. Die fein abgeriebene Schale von 1 Orange und 6 zerbröselte Amaretti unterrühren. 4 Pfirsiche häuten, entsteinen und in Scheiben schneiden. Auf 4 Tellern anrichten. Jeweils mit 1 großen Tupfer des Amaretti-Joghurts servieren.

20 Amaretto-Pfirsich-Trifle 200 g Amaretti in eine Glasschüssel legen. 6 gehäutete, entsteinte, gewürfelte Pfirsiche daraufl egen und alles mit 100 ml Amarettolikör beträufeln. Zum Schluss 400 ml glutenfreie Vanillesauce (Fertigprodukt) darauf verteilen. 300 g Sahne steif schlagen und auf dem Trifle verstreichen. Mit 50 g gerösteten Mandelblättchen bestreuen. Vor dem Servieren 10 Minuten kalt stellen.

30 Florentiner

Für 4 Personen

50 g Butter
100 g brauner Rohrzucker
50 g Sahne
175 g Mandelblättchen
25 g Zitronat und Orangeat
1 Eiweiß
100 g Zartbitterschokolade

- Den Backofen auf 180 °C vorheizen. 2 Backbleche mit Backpapier belegen.
- In einem kleinen Topf Butter und Zucker mit 50 ml Wasser zum Kochen bringen und bei hoher Temperatur 5 Minuten kochen, bis die Flüssigkeit eine blasse Farbe bekommt. Den Topf vom Herd nehmen und weitere 2 Minuten ausköcheln lassen.
- Sahne, Mandelblättchen, Zitronat und Orangeat einrühren. Eiweiß steif schlagen und vorsichtig unterheben. Von der Mischung Häufchen auf die vorbereiteten Backbleche setzen. Zwischen den Florentinern genügend Abstand lassen.
- Im Ofen in 15–18 Minuten goldbraun backen und zum Abkühlen vorsichtig auf ein Kuchengitter legen.
- In einem kleinen Topf im Wasserbad die Schokolade zerlassen. Den Boden der Florentiner damit bestreichen und trocknen lassen.

---

10 **Mandelmüsli mit Trockenobst** 200 g Amaranth- oder Quinoa-Flocken, 150 g gemischte Trockenfrüchte, Zitronat und Orangeat sowie 100 g Mandelblätter mischen. Mit Milch, Naturjoghurt und frischem Obst servieren.

20 **Orangen-Mandel-Muffins** Den Backofen auf 200 °C vorheizen. 225 g glutenfreies Mehl, 2 TL glutenfreies Backpulver, 75 g Zucker, ½ TL Natron, 50 g Zitronat und Orangeat, fein abgeriebene Schale von 1 unbehandelten Orange und 50 g Mandelblätter mischen. In einem kleinen Topf 60 g Butter zerlassen. Mit 2 Eiern und 150 ml Milch verrühren und zu den trockenen Zutaten geben. In die 12 Mulden einer Muffinform Papierförmchen setzen. Die Zutaten zu einem Teig verarbeiten und diesen in die Papierförmchen füllen. Im Ofen in 15 Minuten goldbraun backen.

20 Gegrillte Ananas

Für 4 Personen

8 Scheiben frische Ananas, geschält und ohne Strunk
1 EL flüssiger Honig
1 Prise getrocknete Chiliflocken
1 Prise gemahlener Zimt
Naturjoghurt zum Servieren

- Eine Pfanne oder Grillpfanne auf hoher Stufe erhitzen. Die Ananasscheiben in der Pfanne so lange braten, bis sie zu karamellisieren beginnen. Einmal wenden.
- Honig, Chiliflocken und Zimt zugeben und so lange erhitzen, bis das Ganze blubbert – das dauert nicht lange.
- Die Ananasscheiben mit dem würzigen Honig beträufeln und einige Tupfer Naturjoghurt daraufsetzen.

---

10 Ananassmoothie 1 kleine Ananas schälen, den Strunk entfernen und das Fruchtfleisch grob hacken. Mit 1 geschälten, klein geschnittenen Banane, 2 TL Honig, 1 Prise Chiliflocken und 1 Prise Zimt in einen Küchenmixer geben. 400 ml Milch und 2–3 EL Naturjoghurt hinzufügen und das Ganze glatt pürieren. Bei Bedarf etwas mehr Milch zugeben.

30 Frittierte Ananas 1 Ananas schälen, den Strunk entfernen und das Fruchtfleisch in Scheiben schneiden, beiseitestellen. Für den Teig 125 g glutenfreies Mehl mit 45 g Zucker und 1 Prise Salz in eine Schüssel geben. 1 Ei, 1 Eigelb und 150 ml Milch zugeben und das Ganze zu einem glatten Teig verrühren. In einer zweiten Schüssel 1 Eiweiß so steif schlagen, dass ein Messerschnitt sichtbar bleibt. Eiweiß unter den Teig heben. Den Teig 10 Minuten ruhen lassen. In einem Topf 500 ml Sonnenblumenöl erhitzen. Die Ananasringe durch den Teig ziehen und portionsweise im heißen Öl 3–4 Minuten frittieren. Auf Küchenpapier abtropfen lassen. Einige Tupfer Naturjoghurt daraufsetzen und mit geriebener Muskatnuss bestäuben.

30 Kokosreis

Für 4 Personen
250 g Langkornreis
200 ml Kokosmilch
60 g Zucker
4–5 Kardamomkapseln

- Den Reis mehrmals waschen, das Wasser dabei wechseln. Anschließend den Reis 10 Minuten in Wasser einweichen. Reis abgießen und mit 300 ml Wasser in einen Topf geben. Aufkochen und 1 Minute kochen lassen. Bei reduzierter Hitze zugedeckt 8–9 Minuten köcheln, bis das Wasser vollständig absorbiert ist.
- In der Zwischenzeit die Kokosmilch und den Zucker verrühren. Kardamom zerdrücken und einrühren.
- Das Ganze zum Reis gießen und alles langsam wieder zum Kochen bringen. 10 Minuten köcheln lassen. Dabei hin und wieder umrühren, damit der Reis nicht ansetzt. Den Topf vom Herd nehmen und 5 Minuten weiterquellen lassen.
- Den Kokosreis mit frischen Mangoscheiben servieren.

---

10 Milchreis-Kardamom-Pudding mit Mango In einem Topf 2–3 EL Sahne mit den Samen von 4–5 Kardamomkapseln erwärmen, damit die Sahne den Kardamomgeschmack annimmt. 400 g gekochten Milchreis (vom Vortag oder aus dem Kühlregal) einrühren und alles erwärmen. In der Zwischenzeit 2 Mangos schälen, entsteinen und in Scheiben schneiden. In einer Pfanne bei mittlerer Temperatur 1 EL flüssigen Honig erwärmen, die Mangoscheiben darin 3–4 Minuten braten, bis sie zu karamellisieren beginnen. Zum Milchreispudding servieren.

20 Mango-Kardamom-Muffins Den Backofen auf 200 °C vorheizen. 225 g glutenfreies Mehl, 2 TL glutenfreies Backpulver und ½ TL Natron in eine Schüssel sieben. 75 g Zucker und die Samen von 4–5 Kardamomkapseln untermischen. In einem kleinen Topf 60 g Butter zerlassen, mit 2 Eiern und 150 ml Milch verrühren und mit den trockenen Zutaten zu einem glatten Teig verarbeiten. Zum Schluss 1 Mango schälen, entsteinen und fein würfeln. Das Fruchtfleisch unter den Teig heben. In die 12 Mulden einer Muffinform Papierförmchen setzen und den Teig einfüllen. Im Ofen in 12–15 Minuten goldbraun backen.

10 Heiße Schokolade mit Chili

Für 4 Personen

175 g Zartbitterschokolade
1 gute Prise Chilipulver
2 EL Zucker
2 gute Prisen gemahlener Zimt
2 Vanilleschoten
600 ml Milch
200 g Sahne
geriebene Zartbitterschokolade zum Servieren

- Die Schokolade in Stücke brechen. In einem Topf bei mittlerer Temperatur mit Chilipulver, Zucker, Zimt, längs eingeschnittenen Vanilleschoten und Milch langsam erwärmen, bis die Schokolade geschmolzen ist.
- Das Ganze aufkochen und rühren, bis die Schokolade eine glatte, leicht schäumende Konsistenz hat. Die Vanilleschoten herausnehmen. Die Sahne schlagen.
- Die Schokolade in 4 warme Tassen gießen und mit Schlagsahne und geriebener Schokolade garnieren. Sofort servieren.

20 **Schokoladencreme mit Chili** In einem Küchenmixer 150 g Zartbitterschokolade und ¼ entkernte rote Chili fein hacken. 2 Eier zugeben und alles zu einer glatten Creme verarbeiten. Bei laufendem Motor 150 ml heißen Kaffee einrühren. Nach Belieben mit 1 TL Honig süßen. Die Creme in 4 kleine Schälchen füllen und zum Festwerden 15 Minuten ins Tiefkühlfach stellen.

30 **Schoko-Chili-Cupcakes** Den Backofen auf 190 °C vorheizen. 250 g weiche Butter, 250 g Zucker und ¼ entkernte und fein gewürfelte rote Chili schaumig aufschlagen. Nacheinander 4 Eier unterrühren. Nach jedem Ei etwas von insgesamt 250 g glutenfreiem Mehl unterarbeiten. Dann das restliche Mehl, 1 TL glutenfreies Backpulver und 3 EL Kakaopulver unterrühren. In die 12 Mulden einer Muffinform Papierförmchen setzen und den Teig einfüllen. Im Ofen 20 Minuten backen. Cupcakes aus der Form nehmen, auf ein Kuchengitter setzen und mit 100 g geriebener dunkler und 25 g geriebener weißer Schokolade bestreuen.

20 Früchtepfannkuchen

Für 4 Personen

120 g Reismehl
1 TL glutenfreies Backpulver
½ TL gemahlener Zimt
1 Ei
fein abgeriebene Schale von 1 unbehandelten Zitrone
175 ml Sojamilch
2–3 TL Sonnenblumenöl
1 Pfirsich, entsteint und gewürfelt
100 g Heidelbeeren
60 g Himbeeren
¼ Cantaloupe-Melone, entkernt und gewürfelt
5–6 Minzeblätter, zerkleinert
4 EL flüssiger Honig

- Den Backofengrill auf höchster Stufe vorheizen.
- Mehl, Backpulver, Zimt, Ei, Zitronenschale und Milch in das Rührgefäß einer Küchenmaschine geben. 2–3 EL Wasser zugeben und die Zutaten vermengen.
- In einer Pfanne bei mittlerer Temperatur die Hälfte des Sonnenblumenöls erhitzen. Ein Viertel des Teigs in die Pfanne geben und 2–3 Minuten backen, dann wenden und den Pfannkuchen von der anderen Seite 1–2 Minuten backen. Aus der Pfanne nehmen und warm halten. Aus dem restlichen Teig weitere 3 Pfannkuchen backen, zuvor jeweils etwas Öl in die Pfanne geben.
- Das Obst vorsichtig mischen. Ein Viertel der Obstmischung jeweils in die Mitte der Pfannkuchen legen und mit einigen Minzeblättern bestreuen. Die Pfannkuchen zusammenklappen und auf ein Backblech legen. Mit etwas Honig beträufeln und unter dem Grill 2–3 Minuten backen. Mit einem Tupfer Sahnejoghurt servieren.

---

10 **Fruchtsmoothie** In einem Küchenmixer 1 klein geschnittene Banane, 2 entsteinte, gewürfelte Pfirsiche, ½ entkernte, gewürfelte Cantaloupe-Melone, 100 g Himbeeren, 200 g Naturjoghurt, 600 ml Sojamilch und 2–3 EL Honig zu einem Smoothie verarbeiten. Nach Belieben einige Eiswürfel hineingeben.

30 **Obstkompott mit Minze** Den Backofen auf 190 °C vorheizen. 3 Pfirsiche, 4 Aprikosen und 4 Pflaumen entsteinen und in mundgerechte Stücke schneiden. In eine ofenfeste Form legen. 200 g Heidelbeeren und 200 g Himbeeren untermischen. Im Küchenmixer 50 g Zucker mit 10–12 Minzeblättern zerkleinern und den grünen Zucker auf das Obst streuen. Im Ofen 22–25 Minuten backen und mit Naturjoghurt servieren.

30 Brombeer-Apfel-Crumble

Für 4 Personen
4 Äpfel
125 g Brombeeren
2 TL Zucker
100 g Quinoa-Flocken
50 g Butter
40 g brauner Rohrzucker
25 g Mandelblättchen

- Den Backofen auf 190 °C vorheizen. Die Äpfel schälen, entkernen und in dünne Scheiben schneiden. Apfelscheiben und Brombeeren in 4 kleine ofenfeste Formen legen. Mit Zucker bestreuen.
- In einem Küchenmixer Quinoa-Flocken, Butter, Zucker und Mandelblättchen vermengen und zerkleinern. Jeweils ein Viertel der Mischung in 1 Förmchen füllen. Die Crumbles im Ofen in 22–25 Minuten goldbraun backen.

---

10 Brombeer-Apfel-Sahne 300 g Sahne steif schlagen. 150 g Apfelmus und 125 g leicht zerdrückte Brombeeren unterziehen. Nach Belieben süßen. In 4 Gläser füllen und bis zum Verzehr kalt stellen.

20 Brombeer-Apfel-Muffins Den Backofen auf 200 °C vorheizen. 225 g glutenfreies Mehl, 2 TL glutenfreies Backpulver und ½ TL Natron in eine Schüssel sieben. 75 g Zucker einrühren und in die Mitte der Mischung eine Vertiefung drücken. 60 g Butter zerlassen, mit 2 Eiern und 150 ml Milch verrühren, in die Mulde gießen. Die Zutaten vorsichtig zu einem Teig vermengen. 100 g Brombeeren und 1 geschälten, entkernten und gewürfelten Apfel unterarbeiten. In die 12 Mulden einer Muffinform Papierförmchen setzen und den Teig in die Papierförmchen füllen. Im Ofen in 15 Minuten goldbraun backen. Auf einem Kuchengitter abkühlen lassen oder warm servieren.

30 Amaretti-Dattel-Tiramisu

Für 4 Personen

6 Datteln, entsteint und grob gehackt
100 ml starker Kaffee
60 ml Amarettolikör
2 Eier
70 g Zucker
150 g Mascarpone
100 g Ricotta
150 g Sahne
125 g Amaretti
15 g Kakaopulver

- In einem Topf die Datteln mit dem Kaffee zum Kochen bringen. Den Topf vom Herd nehmen, Amarettolikör einrühren und 15 Minuten ziehen lassen.
- Die Eier trennen, Eiweiß und 2 EL vom Zucker so steif schlagen, dass ein Messerschnitt sichtbar bleibt.
- In einer weiteren Schüssel den restlichen Zucker mit Mascarpone, Ricotta und den Eigelben verrühren. Die Sahne steif schlagen und unterheben. Zum Schluss das Eiweiß unterziehen.
- Die Amaretti zerdrücken und mit der Dattelmischung vermengen. Die Hälfte davon in 4 Dessertgläser füllen. Mit einem Drittel des Kakaopulvers bestäuben.
- Die Hälfte der Sahne-Mascarpone-Mischung darauf verstreichen, dann wieder Amaretti-Datteln, Kakao und die restliche Sahne-Mascarpone-Mischung daraufgeben.
- Mit Kakao bestäuben und bis zum Servieren kalt stellen.

---

10 **Dattel-Kaffee-Dessert** In einem kleinen Topf 100 ml starken Kaffee, 2 TL Zucker, 12 zerdrückte Kardamomkapseln und 1 Zimtstange zum Kochen bringen. 350 g entsteinte Datteln einrühren. Den Topf vom Herd nehmen und das Ganze 8 Minuten ziehen lassen. Anschließend die Zimtstange entfernen und das Dessert in 4 Gläser füllen, 400 g griechischen Joghurt darauf verteilen und vor dem Servieren mit 1 EL Kakaopulver bestäuben.

20 **Dattel-Kaffee-Pudding** Den Backofen auf 180 °C erhitzen. Die 12 Mulden einer Muffinform leicht fetten. In einem Topf 280 g entsteinte, gehackte Datteln mit 250 ml schwachem Kaffee aufkochen. Den Topf vom Herd nehmen und 1 TL Natron einrühren. 60 g Butter einrühren, bis diese geschmolzen ist. 175 g glutenfreies Mehl in eine Schüssel sieben, dann 125 g braunen Rohrzucker untermischen. In die Mitte eine Vertiefung drücken und die Dattelmischung und 2 verquirlte Eier zugeben. Die Zutaten gut vermengen, in die Förmchen füllen und im Ofen 15–18 Minuten backen. In der Zwischenzeit in einem Topf 100 g Butter, 150 g braunen Rohrzucker, 1 EL hellen Rübensirup und 185 g Sahne bei schwacher Temperatur 3–4 Minuten unter Rühren erwärmen. Dann zum Kochen bringen und 2 Minuten köcheln lassen. Zum Servieren die Puddings auf Teller stürzen, die Sauce darübergießen und jeweils etwas Vanilleeis daraufgeben.

10 Erdbeer-Baiser-Sahne

Für 4 Personen
500 g Erdbeeren
1 TL Ingwerlikör
400 g Sahne
4 Baisertörtchen
2 kleine Stücke eingelegter Ingwer
1 EL zerkleinerte Minzeblätter

- Die Erdbeeren entstielen und würfeln. Mit dem Ingwerlikör in eine Schüssel geben.
- Die Sahne steif schlagen und die Erdbeeren unterrühren. Dann die Baisertörtchen zerdrücken und den Ingwer fein hacken. Beides mit der Hälfte der Minzeblätter unter die Erdbeersahne ziehen.
- Das Dessert in 4 Glasschälchen anrichten und zum Servieren mit den restlichen Minzeblättern bestreuen.

---

20 **Erdbeer-Käse-Tartelettes** In einem kleinen Topf 25 g Butter zerlassen, 14 Amaretti zerdrücken und einrühren. Die Mischung in 4 Tarteletteformen füllen und zu einem Boden andrücken. 5 Minuten kalt stellen. 200 g griechischen Joghurt, 200 g Frischkäse, 2 TL Zucker und 2 TL gehackte Minzeblätter verrühren. Die Creme auf den Böden verteilen und mit einem Messer glatt streichen. 150 g entstielte und gewürfelte Erdbeeren leicht zerdrücken. Auf die Käsecreme geben, die Tartelettes sofort servieren.

30 **Minze-Erdbeeren** 400 g Erdbeeren entstielen und halbieren. Die Hälfte davon in einer Schüssel mit 50 g Zucker und 2 EL Zitronensaft mit einer Gabel leicht zerdrücken. Die übrigen Erdbeeren untermischen. 2 fein gewürfelte Stücke eingelegte Ingwerwurzel und 2 TL fein gehackte Minzeblätter unterziehen und alles im Kühlschrank 25 Minuten marinieren lassen. Mit halbfest geschlagener Sahne beträufeln und servieren.

30 Schoko-Brownies mit Walnüssen und Mandeln

Für 4 Personen

225 g Zartbitterschokolade
225 g Butter zzgl. etwas für die Form
200 g brauner Rohrzucker
3 Eier
100 g Walnüsse
150 g gemahlene Mandeln

- Den Backofen auf 180 °C vorheizen. Die Schokolade hacken. In einem kleinen Topf bei schwacher Hitze Butter und Schokolade schmelzen lassen. Den Zucker einrühren.
- Die Eier verquirlen und die Walnüsse hacken. Eier, dann Walnüsse und Mandeln unter die Schokoladenmischung rühren.
- Den Teig in eine gefettete quadratische Form (23 cm x 23 cm) füllen und im Ofen 25 Minuten backen. Die Oberfläche sollte fest, in der Mitte sollte das Ganze noch zähflüssig sein. Die Brownies warm mit Vanilleeis servieren.

---

10 Schoko-Walnuss-Pudding 100 g dunkle Schokolade grob hacken und in eine Schüssel legen. In einem kleinen Topf 150 g Sahne zum Kochen bringen. Die heiße Sahne zur Schokolade gießen und diese darin schmelzen lassen. Anschließend weitere 150 g kalte Sahne und 2 EL Amarettolikör einrühren. Die Schokocreme mit einem elektrischen Handrührgerät aufschlagen, bis sich weiche Spitzen bilden. In einer zweiten Schüssel 1 großes Eiweiß steif schlagen und 50 g Zucker einrühren, bis eine weiche Baisermasse entsteht. Baiser unter die Schokocreme heben. Zum Servieren die Mousse in Gläser füllen und mit 1 EL gerösteten, gehackten Walnüssen bestreuen.

20 Schoko-Walnuss-Törtchen Den Backofen auf 200 °C vorheizen. In einer hitzefesten Schüssel im Wasserbad 150 g gehackte Zartbitterschokolade und 150 g Butter schmelzen. Schüssel vom Topf nehmen und 150 ml warmes Wasser und 100 g Zucker einrühren, bis eine glatte Creme entsteht. 4 Eigelbe leicht verquirlen und unterrühren. 25 g gesiebtes Reismehl, 25 g geröstete, fein gehackte Walnüsse und 1 TL glutenfreies Backpulver untermengen. 4 Eiweiß steif schlagen, dann vorsichtig unter die Creme heben. Diese in 4 gefettete feuerfeste Förmchen füllen und im Ofen 12–15 Minuten backen. Die Oberfläche sollte fest, in der Mitte sollten die Desserts noch etwas weich sein. Mit Kakao bestäuben und einen Tupfer Crème fraîche daraufsetzen.

30 Zitronenmuffins

Ergibt 12 Stück

175 g glutenfreies Mehl
½ TL glutenfreies Backpulver
175 g Zucker
150 g Butter
2 Eier
60 g Naturjoghurt
fein abgeriebene Schale von 2 unbehandelten Zitronen

Für das Topping

175 g weiche Butter
400 g Puderzucker
fein abgeriebene Schale von 1 unbehandelten Zitrone zzgl. etwas zum Bestreuen

- Den Backofen auf 180 °C vorheizen. In die 12 Mulden einer Muffinform Papierförmchen setzen.
- Mehl und Backpulver in eine Schüssel sieben, anschließend Zucker untermischen.
- In einem kleinen Topf die Butter zerlassen. In einer zweiten Schüssel die Butter mit Eiern, Joghurt und Zitronenschale verrühren. Zu den trockenen Zutaten geben und alles vorsichtig zu einem Teig vermengen. In die Papierförmchen füllen und die Muffins im Ofen in 15–18 Minuten goldbraun backen. Auf einem Kuchengitter abkühlen lassen.
- Für das Topping weiche Butter, Puderzucker und Zitronenschale verrühren. In einen Spritzbeutel mit Sterntülle füllen und die Creme auf die Muffins spritzen. Mit abgeriebener Zitronenschale garnieren.

---

10 Zitronenjoghurt

3 EL Lemoncurd aus dem Glas oder Zitronenmarmelade, die fein abgeriebene Schale von 1 unbehandelten Zitrone und 500 g griechischen Joghurt verrühren. In 4 Glasschalen füllen. Mit 4 TL braunem Rohrzucker bestreuen und 5 Minuten kalt stellen.

20 Zitronenküchlein

Den Backofen auf 190 °C vorheizen. Je 1 TL Lemoncurd aus dem Glas oder Zitronenmarmelade in 4 feuerfeste Förmchen füllen. Je 125 g glutenfreies Mehl, Zucker und weiche Butter, 2 EL glutenfreies Backpulver, 2 Eier und die fein abgeriebene Schale von 1 unbehandelten Zitrone in eine Küchenmaschine geben und das Ganze zu einem glatten Teig vermengen. In die Formen füllen und im Ofen 16–18 Minuten backen. Mit Zitronenschale bestreuen und je einen Tupfer griechischen Joghurt daraufsetzen.

20 Amaretti-Bananen-Kuchen

Für 4 Personen

200 g Amaretti
100 g Butter
200 g glutenfreie Karamellsauce aus dem Glas
3 Bananen
300 g Sahne
3 EL Zucker
30 g Zartbitterschokolade

- Die Amaretti zerdrücken. In einem kleinen Topf bei mittlerer Temperatur die Butter zerlassen. In einer Schüssel Kekse und Butter gut vermengen.
- Die Mischung in eine Springform (Durchmesser 20 cm) geben und zu einem Boden formen. 10 Minuten kalt stellen.
- Die Karamellsauce auf dem Boden verstreichen, dann die Bananenscheiben darauf verteilen. Die Sahne steif schlagen, währenddessen den Zucker einrieseln lassen. Auf den Bananen verstreichen, die Schokolade reiben und darüberstreuen.

---

10 Bananen-Karamell-Cup 400 g glutenfreie Karamellsauce aus dem Glas mit 400 g griechischem Joghurt so verrühren, dass ein Marmormuster entsteht. 3 Bananen schälen und in Scheiben schneiden. Creme und Bananen abwechselnd in 4 Gläser schichten und mit 2 EL geriebener Zartbitterschokolade bestreuen.

30 Bananen-Toffee-Trifle In einem Topf bei niedriger Temperatur 150 g hellen Rübensirup, 50 g Butter, 75 g braunen Rohrzucker und 50 g Zucker 5–6 Minuten erhitzen. Umrühren, bis sich der Zucker aufgelöst hat. Nach und nach 150 g Sahne einrühren. Die Sauce 5–6 Minuten abkühlen lassen. In einer großen Glasschüssel 150 g Amaretti mit 2–3 EL Amaretto beträufeln, dann 3 geschälte und klein geschnittene Bananen unterrühren. Die Sauce daraufgießen. 300 g Vanillepudding aus dem Kühlregal darauf verstreichen und 3–4 Minuten kalt stellen. Zum Schluss 250 g geschlagene Sahne auf das Dessert geben.

30 Bananen-Honig-Riegel

Ergibt 12 Stück
25 g brauner Rohrzucker
175 g Butter
1 EL flüssiger Honig
1 ½ EL heller Rübensirup
1 große Banane
150 g Hirseflocken
150 g gepuffter Amaranth
75 g getrocknete Bananenchips
Fett für die Form

- Den Backofen auf 180 °C vorheizen. Eine quadratische Kuchenform (22 cm x 22 cm) leicht fetten.
- In einem Topf bei mittlerer Temperatur Zucker, Butter, Honig und Sirup erhitzen, bis die Butter geschmolzen und der Zucker vollständig aufgelöst ist. Ab und zu umrühren. Den Topf vom Herd nehmen.
- Die Banane schälen und zermusen. Mit den Hirseflocken und dem Amaranth in die Butter-Sirup-Mischung einrühren. Eine Hälfte von der Mischung in der Form verstreichen. Mit Bananenchips bestreuen und die zweite Hälfte der Mischung darauf verteilen. Alles etwas festdrücken und glatt streichen.
- Im Ofen in 20–22 Minuten goldbraun backen. Aus dem Ofen nehmen und noch heiß in 12 Riegel schneiden. In der Form abkühlen lassen.

---

10 **Gebackene Bananen mit Passionsfrucht und Honig** Den Backofen auf 220 °C vorheizen. 4 Bananen darin 10 Minuten backen. Aus 4 Passionsfrüchten das Fruchtfleisch herauslösen, mit 450 g griechischem Joghurt, der fein abgeriebenen Schale von 1 unbehandelten Orange und 1 EL braunem Rohrzucker verrühren. Die Bananen einschneiden, jeweils einen großen Tupfer vom Passionsfruchtjoghurt daraufgeben. Mit 1 EL Honig beträufeln und servieren.

---

20 **Schoko-Honig-Bananen** Den Backofen auf 200 °C vorheizen. Die Schale von 4 Bananen an einer Seite einschneiden. 20 g Schokoladendragees in den Einschnitt stecken und jeweils 1 TL Honig über die Schokolade träufeln. Jeweils 1 Banane in 1 Stück Alufolie zu einem Paket zusammenfalten. Die Päckchen auf einem Backblech im Ofen 15–18 Minuten backen, bis die Bananen weich sind und die Schokolade geschmolzen ist. In der Zwischenzeit 300 g Sahne mit 2 EL Weinbrand und der fein abgeriebenen Schale von 1 unbehandelten Orange aufschlagen. Die gebackenen Bananen mit einem Tupfer von der Orangensahne servieren.

30 Mohn-Zitronen-Muffins

Ergibt 12 Stück

2 EL flüssiger Honig
2 EL Mohnsamen
fein abgeriebene Schale von 1 unbehandelten Zitrone
Saft von 2 Zitronen
100 g Butter
100 g Zucker
2 Eier
175 g Naturjoghurt
530 g glutenfreies Mehl
2 TL glutenfreies Backpulver
½ TL Natron

- Den Backofen auf 190 °C vorheizen. In die 12 Mulden einer Muffinform Papierförmchen setzen.
- In einem kleinen Topf bei mittlerer Temperatur Honig, Mohnsamen, Zitronenschale und die Hälfte des Zitronensaftes erhitzen, bis der Honig geschmolzen ist. Den Topf vom Herd nehmen und das Ganze in eine Schüssel geben. Den restlichen Zitronensaft einrühren und alles 1–2 Minuten abkühlen lassen.
- In einem kleinen Topf die Butter zerlassen. Butter, Zucker, Eier und Joghurt unter die Honig-Zitronen-Mischung rühren. Mehl, Backpulver und Natron in eine große Schüssel sieben und die Joghurtmischung dazugeben. Die Zutaten vorsichtig vermengen.
- Den Teig in die Förmchen füllen und die Muffins im Ofen in 15–18 Minuten goldbraun backen. Auf einem Kuchengitter abkühlen lassen.

---

10 **Zitronen-Mohn-Pudding** 280 g Lemoncurd aus dem Glas oder Zitronenmarmelade, 500 g Crème fraîche, 1 EL Mohnsamen und die fein abgeriebene Schale von 1 unbehandelten Zi-trone verrühren. 6 Amaretti zerbröseln und unterheben. Den Pudding zum Servieren in 4 Gläser füllen.

20 **Zitronen-Scones mit Mohn** Den Backofen auf 220 °C vorheizen. 250 g glutenfreies Mehl und 2 TL glutenfreies Backpulver in eine Schüssel sieben. 50 g Butter unterarbeiten. 50 g Zucker, die fein abgeriebene Schale von 1 unbehandelten Zitrone und 1 EL Mohnsamen unterkneten. 1 EL dieses Vorteiges mit 150 ml Milch verrühren und alles zu einem Teig verkneten. Mithilfe eines Eisportionierers 8–10 Teigkugeln auf ein Backblech setzen. Die Scones im Ofen in 12–15 Minuten goldbraun backen. Warm mit jeweils einem Tupfer Lemoncurd und Crème fraîche servieren.

30 Schoko-Orangen-Shortbread

Für 4 Personen

100 g weiche Butter
50 g Zucker
fein abgeriebene Schale von 1 unbehandelten Orange
25 g Kakaopulver
50 g glutenfreies Mehl

- Den Backofen auf 190 °C vorheizen. Ein Backblech mit Backpapier belegen.
- In einer Schüssel Butter, Zucker und Orangenschale schaumig aufschlagen.
- Kakao und Mehl vermengen und unter die Buttermischung arbeiten, bis ein glatter Teig entsteht. Den Teig zugedeckt 10 Minuten kalt stellen.
- Aus dem Teig walnussgroße Kugeln formen und auf ein Backblech legen. Dazwischen genügend Abstand lassen.
- Shortbread im Ofen 5 Minuten backen. Das Blech aus dem Ofen nehmen und jede Teigkugel etwas flach drücken. Das Blech wieder in den Ofen schieben und die Kekse weitere 5–7 Minuten backen. Die Oberfläche sollte dann knusprig sein.
- Die Kekse auf einem Kuchengitter abkühlen lassen.

---

10 Brownies mit Schokosauce und Orange 2 Orangen schälen und filetieren, beiseitestellen. 225 g Zartbitterschokolade hacken. In einem kleinen Topf bei schwacher Hitze mit 75 g Zucker, 125 g Sahne und 60 ml heißem Wasser verrühren, bis die Schokolade geschmolzen und die Sauce heiß ist. Über 4 große glutenfreie Brownies gießen. Mit Orangenfilets und einem Tupfer Crème fraîche anrichten. Mit Kakao bestäuben und servieren.

20 Schoko-Orangen-Scones Den Backofen auf 220 °C vorheizen. 250 g glutenfreies Mehl, 2 TL glutenfreies Backpulver und 1 EL Kakaopulver in eine Schüssel sieben. Die fein abgeriebene Schale von 1 unbehandelten Orange unterrühren. 50 g Butter und 50 g Zucker einarbeiten, bis das Ganze die Konsistenz von Semmelbröseln hat. 1 Ei mit 150 ml Milch verrühren und mit der Mehlmischung zu einem Teig verarbeiten. Mithilfe eines Eisportionierers 8–10 Teigkugeln auf ein Backblech setzen. Die Scones im Ofen in 12–15 Minuten goldbraun backen. Warm mit einem Tupfer Crème fraîche und geriebener Schokolade servieren.

30 Süßes Maisbrot

Für 4 Personen

15 g Schmalz
15 g Butter
1 EL Pflanzenöl
125 g Süßmais
150 g Polenta
15 g glutenfreies Mehl
2 TL glutenfreies Backpulver
1 TL Natron
1 Prise Salz
50 g Zucker
1 Ei
175 ml Buttermilch

- Den Backofen auf 200 °C vorheizen. 1 Springform (Durchmesser 20 cm) mit dem Schmalz fetten und zum Erhitzen in den Backofen stellen.
- In einer Pfanne bei mittlerer Temperatur die Butter zerlassen. Pflanzenöl und Mais 1 Minute darin dünsten. Die Pfanne vom Herd nehmen.
- In eine große Schüssel Polenta, Mehl, Backpulver, Natron, Salz und Zucker sieben. In die Mitte eine Vertiefung drücken.
- Das Ei mit der Buttermilch verquirlen. In die Vertiefung geben und mit den trockenen Zutaten vermengen. Den Süßmais unterrühren.
- Die Kuchenform aus dem Ofen nehmen und den Teig hineingeben. Das Brot im Ofen 20–25 Minuten backen.
- Auf einem Kuchengitter abkühlen lassen und in Stücke geschnitten servieren.

---

10 **Maistoast mit Ahornsirup** In einer Schüssel 3 Eier mit 100 g Sahne verquirlen und 4 dicke Scheiben süßes Maisbrot vom Vortag (siehe die 30-Minuten-Variante) eintauchen. In einer großen Pfanne bei mittlerer Temperatur 50 g Butter zerlassen und leicht bräunen. Die Toasts darin 3–4 Minuten von jeder Seite braten. Jeweils mit 1 Msp. braunem Rohrzucker und Zimt bestreuen. Zum Servieren zusätzlich mit Ahornsirup beträufeln und einen Obstsalat mit Früchten der Saison dazureichen.

20 **Maisplätzchen** Den Backofen auf 180 °C vorheizen. In einer Schüssel 130 g Maismehl, 70 g Maisgrieß, 50 g gemahlene Mandeln, 1 Prise Salz, 1 TL Backpulver, die abgeriebene Schale von 1 unbehandelten Orange und 1 Prise Kardamom mischen. 100 g kühle Butter rasch unterkneten. Den Teig in Frischhaltefolie wickeln und für 20 Minuten in den Kühlschrank legen. Auf einer bemehlten Arbeitsfläche den Teig etwa 4 mm dick ausrollen. Plätzchen in beliebiger Größe ausstechen oder -schneiden und auf ein Backblech legen. Im Ofen 10 Minuten backen. Auf einem Kuchengitter abkühlen lassen.

30 Schoko-Himbeer-Torte

Für 6–8 Personen
8 Eier
1 Prise Salz
400 g Zartbitterschokolade
150 g Butter
50 g Zucker
225 g Crème fraîche
fein abgeriebene Schale von 1 unbehandelten Orange
2 EL Zucker
380 g Himbeeren
Öl zum Fetten
Puderzucker zum Bestäuben

- Den Backofen auf 180 °C vorheizen. 2 Springformen (Durchmesser jeweils 18 cm) einfetten. Die Eier trennen und die Eigelbe mit dem Salz verrühren.
- In einer hitzefesten Schüssel im Wasserbad Schokolade und Butter schmelzen. 2–3 Minuten abkühlen lassen, dann mit den Eigelben verrühren.
- Das Eiweiß steif schlagen, dabei nach und nach den Zucker unterschlagen.
- Eiweiß unter die Schokoladencreme ziehen und den Teig in die Formen füllen. Im Ofen 15 Minuten backen. Aus der Form nehmen und abkühlen lassen.
- In der Zwischenzeit die Crème fraîche mit der Orangenschale und dem Zucker verrühren.
- Die Orangencreme auf einen der Kuchen streichen und mit der Hälfte der Himbeeren belegen. Den zweiten Kuchen daraufsetzen und mit den restlichen Himbeeren dekorieren. Mit Puderzucker bestäuben und servieren.

---

10 Schokoladensahne mit Himbeeren In einem Topf 250 g Sahne und 75 g Zucker zum Kochen bringen. Ab und zu umrühren, bis sich der Zucker aufgelöst hat. 200 g Zartbitterschokolade hacken. Mit 2 Eigelben und der fein abgeriebenen Schale von 1 unbehandelten Orange in einen Küchenmixer geben. Bei laufendem Motor die heiße Sahne zugeben und so lange verarbeiten, bis die Schokolade geschmolzen ist. In 4 Gläser füllen. 250 g Himbeeren pürieren und daraufgeben.

20 Schokoküchlein mit Himbeerkonfitüre 350 g glutenfreies Mehl, ¼ TL Kakaopulver und 1 TL glutenfreies Backpulver in eine Schüssel sieben. 150 g Butter einarbeiten, bis das Ganze die Konsistenz von Semmelbröseln hat. 100 g Zucker, 50 g Johannisbeeren, 50 g Schokochips und die fein abgeriebene Schale von 1 unbehandelten Zitrone unterarbeiten. In die Mitte eine Vertiefung drücken. 2 Eier, 2 TL Pflanzenöl und 2 TL Zitronensaft verrühren, in die Mulde gießen. Aus den Zutaten einen dicken Teig herstellen. In einer leicht geölten Pfanne bei mittlerer Temperatur jeweils 2–3 TL Teig geben und etwas flach drücken. In 2–3 Minuten von jeder Seite goldbraun backen. Mit Himbeerkonfitüre und Crème fraîche servieren.

10 Rosenwassersahne

Für 4 Personen
50 g Zucker
2 EL Rosenwasser
400 g Sahne
100 g Türkischer Honig
2 EL Zitronensaft
fein abgeriebene Schale von 1 unbehandelten Zitrone

- In einer großen Schüssel den Zucker in das Rosenwasser rühren, bis er sich aufgelöst hat.
- Die Sahne zugeben und alles steif schlagen. Den Türkischen Honig fein würfeln und mit dem Zitronensaft einrühren. In 4 Dessertgläsern anrichten und mit Zitronenschale garnieren.

---

20 Fondantpudding mit Türkischer-Honig-Sahne Den Backofen auf 200 °C vorheizen. In einer hitzebeständigen Schüssel im heißen Wasserbad 125 g Butter mit 125 g Zartbitterschokolade schmelzen. In einer Schüssel 2 Eier, 2 Eigelbe und 125 g Zucker schaumig aufschlagen und vorsichtig unter die Schoko-Butter-Mischung rühren. 2 EL glutenfreies Mehl und 1 Msp. glutenfreies Backpulver unterziehen. Den Teig in 4 leicht geölte und mit Kakao bestäubte Formen geben und im Ofen 12 Minuten backen. In der Zwischenzeit 150 g Sahne steif schlagen, Saft und fein abgeriebene Schale von ½ unbehandelten Zitrone sowie 50 g gewürfelten Türkischen Honig unterrühren. Den Pudding mit der Türkischen-Honig-Sahne servieren.

---

30 Baiserrolle mit Türkischem Honig Den Backofen auf 200 °C vorheizen. 4 Eiweiß sehr steif schlagen, 225 g Zucker esslöffelweise unterschlagen, bis die Baisermasse dick und glänzend ist. Ein Backblech (20 cm x 30 cm) fetten, mit Backpapier belegen und mit 50 g Kokosraspel bestreuen. Baiser auf dem Backblech verstreichen und im Ofen 15–18 Minuten backen. Auf ein weiteres Stück Backpapier stürzen und das Bodenbackpapier abziehen. Baiser vorsichtig aufrollen und 5 Minuten abkühlen lassen. Saft und fein abgeriebene Schale von 2 unbehandelten Zitronen sowie 4 EL Honig mischen. 600 g Sahne zugeben und alles weich aufschlagen. Baiser auseinanderrollen, mit der Sahne bestreichen und mit 40 g gewürfeltem Türkischen Honig bestreuen. Zum Servieren wieder zusammenrollen.

30 Sultaninen-Kokos-Cookies

Für 4 Personen

125 g Butter zzgl. etwas zum Fetten
2 EL heller Rübensirup
1 Ei
90 g Kokosraspel
50 g Reismehl
1 TL glutenfreies Backpulver
225 g brauner Rohrzucker
300 g Sultaninen

- Den Backofen auf 180 °C vorheizen. 2 Backbleche leicht mit Butter fetten.
- In einem kleinen Topf Butter und Sirup zerlassen. 3–4 Minuten abkühlen lassen. Das Ei verquirlen und einrühren.
- Die restlichen Zutaten in eine große Schüssel geben. Die Sirupmischung hinzufügen und die Zutaten gut vermengen.
- Den Teig teelöffelweise auf das Backblech geben, er sollte für 12 Cookies reichen. Genügend Abstand zwischen den Keksen lassen. Die Cookies im Ofen in 10–15 Minuten goldbraun backen. Auf einem Kuchengitter abkühlen lassen.

---

10 **Kokos-Sultaninen-Dessert** Den Backofengrill auf mittlerer Stufe vorheizen. 2 EL Kokosraspel auf ein Backblech streuen und unter dem Grill 3–4 Minuten rösten. 2 weitere EL Kokosraspel mit 400 g griechischem Joghurt verrühren, dann 2 TL Honig unterziehen. Die Hälfte der Creme in 4 Gläser füllen. Mit 1 EL Sultaninen, 1 geschälten, entsteinten und gewürfelten Mango und 50 g Himbeeren belegen. Den restlichen Joghurt darauf verteilen. Mit gerösteten Kokosraspel bestreuen, mit etwas Honig beträufeln und servieren.

---

20 **Scones mit Kokos und Sultaninen**
Den Backofen auf 220 °C vorheizen. 250 g glutenfreies Mehl und 2 TL glutenfreies Backpulver in eine Schüssel sieben. 1 EL Kokosraspel unterrühren. 50 g Butter einarbeiten, bis das Ganze die Konsistenz von Semmelbröseln hat. 50 g Zucker und 50 g Sultaninen unterarbeiten. 1 Ei mit 150 ml Milch verquirlen und zur Mehlmischung gießen, alles zu einem Teig verrühren. Mithilfe eines Eisportionierers 8–10 Scones auf ein Backblech setzen und im Ofen in 12–15 Minuten goldbraun backen.

30 Himbeer-Cheesecake

Für 4 Personen

175 g Walnüsse
4 Datteln
2 EL Ahornsirup
200 g Mascarpone
fein abgeriebene Schale und Saft von 1 unbehandelten Zitrone
2 EL Puderzucker
125 g Himbeeren

- In einer Schüssel die Walnüsse mit kaltem Wasser bedecken. 10 Minuten stehen lassen, dann abgießen. Die Datteln entsteinen.
- In einer Küchenmaschine Walnüsse, Datteln und Ahornsirup kurz zerkleinern. Die Mischung auf 4 Tarteletteformen verteilen und kalt stellen.
- In der Zwischenzeit Mascarpone, Zitronenschale und -saft sowie Puderzucker verrühren. Die Törtchen aus den Formen nehmen, jeweils auf 1 kleinen Teller setzen und die Mascarponecreme auf den Törtchen verstreichen. Die Himbeeren durch ein Sieb streichen und das Püree daraufträufeln.

---

10 **Zitronen-Himbeer-Limo mit Eis** 500 g Vanilleeis auf 4 hohe Gläser verteilen. 3–4 Himbeeren in jedes Glas legen. Mit Limonade aufgießen und mit der fein abgeriebenen Schale von 1 Zitrone garnieren. Mit langen Löffeln servieren.

20 **Zitronensoufflées mit** Himbeerpüree Den Backofen auf 180 °C vorheizen. 1 EL Speisestärke mit etwas Wasser verrühren, 2 Bananen schälen und würfeln. Stärke und Bananen mit der fein abgeriebenen Schale von 2 unbehandelten Zitronen und 1 EL Zitronensaft in einem Küchenmixer fast glatt pürieren. In einer Schüssel 6 Eiweiß steif schlagen. Nach und nach 150 g feinen Zucker und 2 TL Zitronensaft unterrühren, bis sich weiche Spitzen bilden. Die Bananenmischung in eine große Schüssel füllen und die Baisermasse vorsichtig unterheben. 4 feuerfeste Förmchen buttern und mit Zucker ausstreuen. Masse einfüllen und glatt streichen. Im Ofen in 10–12 Minuten backen. In der Zwischenzeit 125 g Himbeeren durch ein Sieb streichen und die Soufflées mit dem Püree beträufeln.

Stichwortregister

Die Seitenzahlen in kursiver Schrift verweisen auf Fotos.